T0065299

LA VERDAD DE LA VERDAD

HAGAMOS LAS COSAS BÍBLICAS DE MANERA BÍBLICA

VICTOR LEÓN

Número de Control de la Biblioteca del Congreso de EE. UU.: 2016906658

ISBN:	Tapa Dura	978-1-5065-1404-8
	Tapa Blanda	978-1-5065-1406-2
	Libro Electrónico	978-1-5065-1405-5

Información de la imprenta disponible en la última página.

Fecha de revisión: 04/05/2016

Para realizar pedidos de este libro, contacte con:
Palibrio
1663 Liberty Drive
Suite 200
Bloomington, IN 47403
Gratis desde EE. UU. al 877.407.5847
Gratis desde México al 01.800.288.2243
Gratis desde España al 900.866.949
Desde otro país al +1.812.671.9757
Fax: 01.812.355.1576
ventas@palibrio.com
738110

CONTENIDO

DEDICATORIA

Dedico este libro a todos aquellos que ya tienen una relación y un compromiso con el Dios Creador. También lo dedico a aquellos que establecerán una relación a la manera de ÉL, como garantía de su salvación. Espero que también puedan ayudar a otros en ese propósito, teniendo como un objetivo priorizado, escudriñar la Escritura bíblica. La idea es conocer la verdad no adulterada de Dios, y poder conducirse según su voluntad, tratando de reciprocar el amor del Padre Celestial y de su Hijo, nuestro Señor Jesucristo el Mesías, quien sufrió y murió para la salvación de todos los que crean en Él, y estén dispuestos a obedecer a su Palabra.

INTRODUCCIÓN

La verdad debemos buscarla desde su origen porque con el transcurso del tiempo y la manipulación humana ha sido adulterada. Nuestro Señor Jesucristo (el Mesías) dijo sobre la verdad, lo que leemos en Juan 17:17: «Santifícalos en tu verdad; tu palabra es la verdad». En ese momento se estaba dirigiendo al Padre Celestial, por lo que dejó establecido que la palabra de Dios es la verdad, la que está compilada en la Biblia.

Cuando las personas le abren su corazón a las Santas Escrituras (la Biblia) comienzan a percatarse de la sabiduría y la grandeza que ellas contienen. Necesariamente llegan a la conclusión que solo una mente sobrenatural pudo inspirar y guiar la confección de esas Escrituras, las que constituyen el manual de instrucciones que el Creador de los cielos y la tierra nos ha legado para que aprendamos a hacer su voluntad, con el propósito supremo de que entremos y permanezcamos en el camino de la salvación, y poder obtener la vida eterna.

Jesucristo (a quien le llamamos Yeshua por ser su nombre original hebreo) dijo: «Yo soy el camino, la verdad y la vida» (Juan 14:6). Y también está escrito que él es la palabra de Dios que se hizo carne y habitó entre nosotros (Juan 1:1 y 1:14).

Es por medio de él que se obtiene la salvación, y eso es lo que significa el nombre Yeshua: salvación. Debido a que muchos creyentes están mas familiarizados con Jesús, Jesucristo o Cristo, también le nombraremos de esas maneras.

Así que al ser Cristo la palabra de Dios encarnada, debemos defender la pureza de esa palabra, pues al ser adulterada, se está adulterando la propia figura de nuestro Señor y Salvador. Por tanto, se adultera la fe, porque la fe viene por oír la palabra de Dios.

La Biblia contiene el plan de salvación de Dios para la humanidad y nos instruye a aplicar ese plan a nuestras vidas. Salvarnos ¿de qué? De la condenación en el juicio que Dios le hará a los vivos y a los muertos, donde como en todo juicio habrán culpables e inocentes (2 Timoteo 4:1).

Solo la guía del Espíritu de Dios pudo lograr que la Biblia integrada por sesenta y seis escritos, confeccionados por unos cuarenta profetas, en un término de unos mil quinientos años, fuese elaborada de una manera armónica y con una línea cronológica adecuada.

Pero como en casi todos los eventos en que el ser humano ha participado, la manipulación del hombre y, en especial, debido a las traducciones y al perfil religioso de los que tradujeron y revisaron la Biblia, fueron introducidas aparentes contradicciones que han conducido a incorrectas interpretaciones. Se han quitado aspectos que son columnas en la sana doctrina del Creador; sobre lo cual están dirigidos los treinta y tres capítulos que conforman este libro, al cual hemos llamado «La verdad de la verdad», porque revela la verdad no adulterada de la Palabra de Dios que es la Verdad.

Estamos seguros que muchos creyentes de diferentes niveles de conocimiento bíblico, e incluso de muchos años de relación con la Palabra de Dios, se van a sorprender por desconocer aspectos fundamentales de las Escrituras que todo creyente comprometido con Jesucristo, y por tanto, con su salvación, debiera conocer de manera absolutamente clara. Éstos marcan la diferencia entre la verdad de la palabra escrita de Dios y las doctrinas de hombres, como ya se manifestaban desde tiempos antiguos, y el propio Mesías dijo citando a Isaías: «Este pueblo de labios me honra, más su corazón está lejos de mí, pues en vano me honran, enseñando como doctrinas mandamientos de hombres». Marcos 7:6-9.

Si la adulteración de la sagrada palabra de Dios ya se manifestaba desde tiempos antiguos y en buena medida en los tiempos del Señor, ¿qué habrá ocurrido casi dos mil años después?

Sabemos que Dios nos va a juzgar por su palabra, y no por la de los hombres que han desconocido las advertencias del Todopoderoso de las consecuencias para aquellos que le han quitado o añadido a su palabra. Es por ello que nuestro Padre Celestial está llamando a su pueblo a que se separe de la apostasía, que es alejarse de la verdad, y que regrese a su sana doctrina y a sus instrucciones, lo cual es el objetivo de este trabajo.

No hay una Biblia para los judíos y otra para los gentiles que se convierten a Dios, es una sola Biblia para todos los humanos. Los mandamientos son para todos. Todas las leyes e instrucciones de Dios son para todos los que le quieran abrir el corazón a la verdad. En Números 15:15-16 la palabra dice: «Un mismo estatuto tendréis vosotros de la congregación y el extranjero que con vosotros mora; será ESTATUTO PERPETUO por vuestras generaciones como vosotros, así será el extranjero delante del Señor. Una misma ley y un mismo decreto tendréis, vosotros y el extranjero que con vosotros mora».

Respondamos a la gracia de Dios teniendo una actitud de fidelidad a su palabra y un corazón obediente, que es la manera en que Dios quiere que le mostremos nuestro agradecimiento y nuestro amor.

Capítulo 1 LAS RAÍCES DE LA FE CRISTIANA: SU ORIGEN

¿Qué es raíz? Tenemos tres definiciones:

Primera: Parte de una planta que no se ve, pero es la que la alimenta y la sostiene.

Segunda: Origen o principio del que procede una cosa.

Tercera: Parte oculta de una cosa, de lo cual procede lo que se ve.

ANALIZANDO estas definiciones con relación a la Palabra de Dios, se llega a la conclusión que las tres son aplicables. En la primera, el Señor que no lo vemos, es quien nos alimenta. Él es la raíz pues nos nutre a través de su palabra que es la savia de la planta; el tronco es su pueblo, y las ramas son los creyentes.

En la segunda definición tenemos que la palabra de Dios fue dada por él a su pueblo, cuando los sacó de Egipto. Allí comenzó nuestro Padre Celestial a instruir a su pueblo, dándole su palabra por escrito en las tablas de piedras, lo que se conoce como los Diez Mandamientos, y todo lo demás escrito por Moisés.

La tercera definición nos dice que para muchos el origen de la Palabra de Dios dada en el monte Sinaí o monte Horeb a su pueblo está como oculta espiritualmente. Muchos creyentes ignoran o no valoran la importancia del estudio de la Palabra desde su origen, y desde la perspectiva hebrea, siendo el pueblo de Israel el depositario de esa Palabra divina. Por lo tanto, todo desde su origen se verá más puro, tomándose además como base el idioma hebreo, que fue en el que se dio esa Palabra. Más adelante veremos algunas de los problemas causados por las traducciones.

Entonces el Creador le dio la Escritura bíblica a su pueblo Israel, el que sería responsable de darlo a conocer a todas las naciones del mundo. Cuando Dios llamó a Abraham para que fuese el fundador de su pueblo, le dijo: «... En ti serán benditas todas las familia de la tierra». Eso lo dijo Dios por la razón ya dicha y porque el Redentor y Salvador del mundo vendría por la descendencia de Abraham, lo cual ocurrió dos mil años más tarde, y a través de la tribu de Judá. Fue por ello que el Salvador dijo lo que leemos en Juan 4:22: «La salvación viene de los judíos».

El apóstol Pablo escribió en Romanos 3:1-2:
«¿Qué ventaja tiene el judío? o ¿de qué aprovecha la circuncisión? Mucho en todas maneras. Primero ciertamente les ha sido confiada la palabra de Dios.

Así que de las muchas ventajas que Pablo dice que tienen los judíos, la más importante es que le fue confiada la palabra del Todopoderoso.

Pablo también escribió en Romanos 9:4-5: «... que son israelitas, de los cuales son la adopción, la gloria, el pacto, la promulgación de la ley, el culto y las promesas; de quienes son los patriarcas, y de los cuales según la carne vino el Cristo».

Todos los escritores de los 66 escritos que conforman la Biblia son israelitas; los discípulos del Señor eran israelitas; los 120 que recibieron al Espíritu Santo eran israelitas; los 3 y 5 mil que se convirtieron al Mesías eran israelitas, sobre todo judíos, y algunos prosélitos, que eran extranjeros que se habían convertido al judaísmo y se convirtieron a Cristo. En los primeros quince años después de la partida del Señor, la inmensa mayoría de los convertidos eran judíos, hasta que el apóstol Pedro fue enviado a la casa del centurión romano Cornelio; y casi al mismo tiempo comenzó el ministerio del apóstol Pablo. A diferencia de eso, los llamados «padres» de la iglesia cristiana ninguno era israelita.

En Romanos 11:1 leemos: «¿Ha desechado Dios a su pueblo? En ninguna manera, porque yo también soy israelita de la descendencia de Abraham, de la tribu de Benjamín». Así que Pablo reitera que Israel es el pueblo de Dios, y que de ninguna manera ha sido desechado por el Señor. ¿Y los gentiles convertidos a Cristo? Una vez que hacen a Cristo Señor y Salvador de sus vidas, pasan a formar parte del pueblo de Dios que es Israel. En Gálatas 3:29 está escrito: «Y si vosotros sois de Cristo, ciertamente linaje de Abraham sois y herederos según la promesa». La palabra linaje es de origen griego y significa literalmente esperma, por lo que la descendencia es biológica, lo que ampliaremos más adelante. También el Señor a través del apóstol Pablo enfatiza ese enunciado con la palabra «ciertamente», para que sepamos con certeza que eso es verdadero, y no hay espacio para otra interpretación.

Lamentablemente, las doctrinas de hombres creadas por teólogos, que como ya dijimos no eran israelitas, crearon cosas como la «doctrina del reemplazo», en la que se plantea que la iglesia cristiana sustituyó al pueblo de Israel. Como hemos mostrado, esto va en contra de lo escrito por el propio apóstol Pablo y propició la separación del cristianismo de sus raíces hebreas y de ser parte integrante del pueblo de Dios. Esto, también, trajo como consecuencia el alejamiento de las instrucciones básicas de Dios a su pueblo, escritas por Moisés, porque la «Ley de Moisés» no es de Moisés, sino de Dios. Todo lo escrito en la Biblia ha sido dado por nuestro Padre Celestial a través de sus profetas.

Capítulo 2 LA GRACIA DE DIOS, ¿A QUÉ NOS CONDUCE?

DIOS ha establecido en su palabra que la paga del pecado es muerte, pero su regalo es vida eterna en el Mesías. Es decir, Dios estableció que las personas que vivan en pecado están en el camino de la muerte espiritual, que es la separación de Dios, quien es la fuente de la vida. Por tanto hay dos muertes: la física y la espiritual. Conocemos la muerte física porque es tangible, pues la hemos visto siempre. Pero la Biblia dice en Hebreos 9:27: «Y de la manera que está establecido para los hombres que mueran una sola vez, y después de esto el juicio».

Esto es confirmado por el propio Cristo que dijo: «El que creyere y sea bautizado, será salvo; mas el que no creyere, será condenado» Marcos 16:16.

Por la desobediencia de Adán, el primer hombre, a un mandamiento que Dios le dio, él y toda su descendencia perdimos la eternidad y todos sus beneficios. Pero Dios en su gran misericordia ha mostrado la mayor manifestación de su gracia. Y ¿qué es gracia? Es un favor inmerecido, es un regalo que los humanos no merecemos por pecadores. El envió a su hijo Jesucristo como propiciación para que nuestros pecados puedan ser perdonados, y poder recibir la salvación en el juicio final.

Así que la gracia de Dios es gratuita porque toda persona puede decidir dejar el camino de la muerte y hacer uso de esa gracia, entrando así al camino de la vida, aprendiendo a hacer la voluntad de Dios. Pero, debe ser una decisión de corazón, pues no puede ser fingida, debe ser genuina.

En Efesios 2:8a leemos: «Porque por gracia sois salvos por medio de la fe...». Entonces el requisito es que sea por fe, y en el próximo capítulo veremos qué es realmente fe.

Ahora bien, ¿a qué nos conduce la gracia? En Tito 2:11-12 vemos lo que sigue: «Porque la gracia de Dios se ha manifestado para salvación a todos los hombres, enseñándonos que, renunciando a la impiedad y a los deseos mundanos, vivamos en este siglo sobria, justa y piadosamente».

Los deseos mundanos son los que se originan en nuestra carne por ser portadora de la «ley del pecado», y porque el mundo en que vivimos es un mundo de pecado, un mundo de tinieblas, enemigo de Dios, y donde usted puede observar los horrores que están sucediéndose en todas partes con mayor frecuencia, como está profetizado en la Biblia. Vivir de manera sobria es aprender a ser medidos en todo; vivir justamente, es vivir según la justicia de Dios; vivir piadosamente es tener compasión y amor por el prójimo y respetar la palabra de Dios. Así que apreciar y recibir la gracia, nos estimula y nos conlleva a aprender a ser agradecidos con nuestro Padre Celestial. Valorar su plan para salvarnos a través del sacrificio de su hijo, constituye la mayor motivación para aprender también a obedecerlo, adorarlo y a amarlo mucho más que a cualquier otra persona o cosa en el mundo.

Capítulo 3 ¿QUÉ ES LA FE? SUS DOS COMPONENTES

LA palabra fe en el hebreo es *emunah*, y el significado de esta palabra lo encontramos en la concordancia Strong, que es una especie de diccionario cristiano, que da el significado de palabras hebreas y griegas. En la parte hebrea, en el numero 529 y 530, aparece *emunah* con los siguientes significados: firmeza, seguridad, fidelidad, fiel, lealtad, confiable, confiabilidad, y verdad. En griego, la encontramos en el numero 4102 y es la palabra *pistis*, que tambien tiene los significados siguientes: verdad, confianza, fidelidad, fiel; además de convicción, credibilidad y fe. Así que podemos ver que en ambos idiomas los significados de la palabra fe coinciden. Ahora, ¿en quién o en qué debemos confiar, ser fieles, verdaderos y tener seguridad y confianza? En nuestro Redentor y Salvador Jesucristo (a quien también llamaremos Yeshua por ser ese su nombre hebreo) y en la palabra de Dios a la que él fue fiel, siendo él mismo la palabra de Dios que se hizo carne (Juan 1:1 y 14).

En Hebreos 11:1 leemos lo siguiente sobre fe: «Es pues la fe, la certeza de lo que se espera, la convicción de lo que no se ve». Es decir, confiamos, somos fieles, tenemos confianza, y seguridad, en lo que consideramos cierto o verdadero, porque certeza viene de algo que es absolutamente verdadero, por lo que aunque no lo veamos, sabemos que existe en algunos casos, o existirá en otros, sin lugar a duda. Ahora bien, tener certeza y convicción son cosas que están en el intelecto, a nivel mental. Son cosas en las que creemos sin dudar, lo cual es el primer componente de la fe, ¿cuál será el componente que falta? Veámoslo también en Hebreos 11:8, entre otros ejemplos, donde leemos: «Por la fe Abraham, siendo llamado [por Dios], para que fuese al lugar que más tarde recibiría como herencia, OBEDECIÓ y salió sin saber a dónde iba». Considere que Dios le diga a usted: recoge todo lo que tienes ponlo en un camión toma a tu esposa y maneja que yo te diré hacia dónde irás.

Realmente hay que confiar en Dios y ser obediente para dejar familia, negocio y dirigirse a un lugar que ni siquiera se conoce. Eso verdaderamente es creer en Dios y actuar en correspondencia con lo que se cree, al obedecer el mandato del Señor. Ese es el segundo componente de la fe, la acción, la conducta, el estilo de vida, el obedecer a la parte intelectual de la fe. En Romanos 16:26 Pablo escribió: «...que por las Escrituras de los profetas, según el mandamiento del Dios eterno, se ha dado a conocer a todas las gentes [gentiles] para que OBEDEZCAN A LA FE».

En Santiago 2:17 leemos: «La fe si no tiene obras es muerta en sí misma». La palabra «obra» no se refiere a hacer obras de caridad, sino que es una acción, hecho, labor, operación, trabajo. Estos significados están en la concordancia de la Biblia Reina-Valera, edición 1960.

Continuando en Santiago 2:18 leemos: «Pero alguno dirá: Tú tienes fe y yo tengo obras, y yo te mostraré mi fe por mis obras». Es decir, lo que indica que verdaderamente creemos en algo es si obramos o hacemos según lo que creemos. No es verdadera fe cuando se dice que se cree en algo y se actúa diferente a esa creencia. No podemos decir que creemos en un mandamiento de Dios si no lo obedecemos, que es la única manera de mostrar que verdaderamente se confía y se es fiel a ese mandamiento de Dios y, por tanto, a Dios. Cuando usted a sabienda que Dios instruye algo que no lo ha abolido no lo hace, le está diciendo al Todopoderoso que la manera en que usted hace las cosas es la correcta. O, por otra parte, si comienza a realizar actividades que tengan que ver con el Reino de los cielos, y Dios no lo ha instruido, no es una consecuencia de su fe, porque la fe viene por el oír la palabra de Dios (Romanos 10:17) y no por la manera en que los hombres deciden hacer esa palabra.

Si como hemos dicho, la fe viene por el oír la palabra de Dios, y si la palabra que usted oye está adulterada en parte; está incompleta, o tiene añadiduras hechas por el hombre, entonces su fe también estará afectada. Y si no se arrepiente al comprobar la verdad en algún aspecto doctrinal erróneo heredado y practicado durante años, entonces su fe no será capaz de adoptar una actitud honesta ante Dios, ni con usted mismo, y no reconocerá tales situaciones ante los demás, y llevará esa responsabilidad ante la presencia de quien nos va a juzgar por su palabra y no por la de los hombres.

Humildemente exhorto a todos aquellos que han tenido o tendrán una relación comprometida con Dios, a través de Cristo, que aprendamos a tener la fe de nuestro Señor, y la de sus apóstoles. Una fe que muestre fidelidad a la palabra de nuestro Padre celestial, y de esa manera tendremos un corazón genuinamente obediente.

Capítulo 4

¿QUÉ ES PECADO? DEFINICIÓN BÍBLICA

ME he encontrado con muchos cristianos de diferentes denominaciones y en la conversación sostenida les he preguntado si conocen la única definición de pecado que está en la Biblia. Solamente uno se ha aproximado a lo que está escrito, pero no lo ha dicho con exactitud, cosa ésta que me ha asombrado, debido a que el pecado ha traído las peores consecuencias para los seres humanos. De hecho fue el llamado «pecado original» lo que causó que Adán y Eva, perdieran la vida eterna; y por esa razón Dios también los expulsó del jardín del Edén y maldijo la tierra.

Esa situación ha sido heredada por toda la humanidad. Por ese pecado la «ley del pecado» entró en el cuerpo humano y con ello la muerte, así como todos los desastres que han ocurrido en la historia de la humanidad, tales como: pobreza, injusticias, crímenes, inmoralidades, vicios, guerras, terrorismo y todo tipo de maldad. Aun el diablo que es nuestro enemigo usa la tentación contra nosotros para hacernos caer en pecado y tratar de sacarnos del camino de la salvación para llevarnos al de la perdición. Así que en el estudio de la Palabra de Dios, ¿no debiera ser la primera prioridad el estudio y aprendizaje de la definición de pecado que Dios mandó a escribir en la Biblia? Entonces, ¿qué es pecado? La única definición bíblica de pecado la encontramos en 1 Juan 3:4 que dice: «Todo aquel que comete pecado, infringe [viola o transgrede] la ley [de Dios]; porque el pecado es infracción de la ley».

¿Será que la ley de Dios ha sido abolida? El propio Jesucristo dijo lo escrito en Mateo 5:17-18: «No penséis que he venido para abrogar la ley o los profetas; no he venido para abrogar, sino para cumplir». En otras versiones dice: «he venido para completar» y en otras dice: «he venido para darle la correcta interpretación».

Pero para los que dicen que la ley de Dios pasó, en el versículo 18 del mismo capítulo leemos: «Porque de cierto os digo que hasta que pasen el cielo y la tierra, ni una jota, ni una tilde pasará de la ley, hasta que todo se haya cumplido».

La pregunta que corresponde aquí es: ¿Ya pasaron el cielo y la tierra o todavía están? Y si todavía están, ¿por qué han interpretado las cartas del apóstol Pablo de manera contraria a lo que dijo el Señor? ¿Cómo haremos la voluntad de nuestro Padre celestial si se eliminan sus mandamientos, leyes e instrucciones en general? ¿Cómo se entiende que Pablo hable unas veces a favor de la ley y otras «al parecer» en contra? Esto lo veremos más adelante. Continúa el apóstol Juan en 1 Juan 3:7-9 donde escribió: «Hijitos, nadie os engañe; el que hace justicia es justo, como él es justo. El que practica el pecado es del diablo; porque el diablo peca desde el principio. Para esto apareció el Hijo de Dios, para deshacer las obras del diablo», es decir el pecado. Aquí Juan se refiere al que vive en pecado sin arrepentirse y lo hace voluntariamente, despreciando a Dios y al sacrificio de nuestro redentor, Cristo el Mesías. Continúa Juan en el verso 9 donde dice: «Todo aquel que es nacido de Dios, no practica el pecado, porque la simiente de Dios [Cristo] permanece en él; y no puede pecar [vivir en pecado], porque es nacido de Dios.

Así que estimados hermanos y amigos, hasta aquí hemos visto brevemente lo que ha causado el pecado. También vemos las consecuencias que ha traído en la historia y en la vida diaria del mundo. Entonces, es más que necesario, es absolutamente imprescindible que los creyentes comprometidos con el Señor tengan perfectamente claro ¿qué es el pecado?

A lo largo de este libro se argumentan algunas de las razones más importantes por las que en muchas denominaciones e iglesias cristianas se han pasado por alto esta importantísima definición de pecado, que vemos en 1 Juan 3:4, por la que se pagó un precio muy alto, mediante el martirio y sacrificio del Cordero de Dios.

Capítulo 5 EL VERDADERO ARREPENTIMIENTO Y EL BAUTISMO

ARREPENTIMIENTO en hebreo es la palabra *teshuvá*, que literalmente significa «regresar», ¿regresar a qué? A Dios y a su palabra. Este es el paso imprescindible al confesar ser un pecador, pedir perdón, y hacer al Mesías, el Señor y Salvador de sus vidas. Es un paso imprescindible en el que se reconoce que se ha vivido una vida pecando contra Dios y se confiesa el deseo de dejar esa vida y entrar en el camino de la salvación. Es decir las personas voluntariamente y de corazón deciden aprender a obedecer a Dios, mediante el estudio de su palabra, comenzando de esta manera a deshacerse de los hábitos pecaminosos adquiridos a través de sus vidas. Se comienza entonces la batalla contra las tentaciones y el pecado, teniendo claridad de lo que es el pecado.

Hacer al Mesías el Señor de su vida implica que se hace su dueño a voluntad. Así que ya no vivirá la vida a su manera, sino a la manera que nuestro Padre celestial lo ha establecido en su palabra escrita en la Biblia, u originalmente en la Torah hebrea o los cinco primeros libros escritos por Moisés, conocidos en el cristianismo como el Pentateuco, los que fueron ampliados e interpretados correctamente por nuestro Señor.

El verdadero arrepentimiento y el bautizo.
En Mateo 4:17, vemos que al iniciar Cristo, el Mesías, su ministerio leemos: «Desde entonces comenzó Jesús a predicar, y a decir: Arrepentíos, porque el reino de los cielos se ha acercado».

También vemos cómo el apóstol Pedro, en su primer discurso durante la fiesta de las semanas, conocida como Pentecostés, dijo lo siguiente: «Arrepiéntanse y bautícense cada uno de ustedes en el nombre de Yeshua (Cristo) para perdón de los pecados; y recibirán el don del Espíritu Santo». Es decir, se confirma aquí que el arrepentimiento es un paso imprescindible para reconciliarse con Dios a través de nuestro Señor Jesucristo. Sin embargo, hemos visto muchos llamados a convertirse a Jesús sin mencionarse la palabra arrepentimiento y, por tanto, no explicarse en qué consiste.

¿Qué es el bautismo? En hebreo esta palabra es tebila, que es la acción de sumergirse completamente en agua, habiéndose previamente confesado los pecados y realizarse una oración que antecede a la inmersión, teniendo como guía a alguien con autoridad para dirigir ese acto. Dicho acto se realiza para sellar el arrepentimiento que abre la puerta y el camino de la salvación. El agua en la Biblia simboliza la palabra de nuestro Dios, en la cual nos sumergimos para ser limpiados por ella.

En Ezequiel 36:25 la palabra dice: «Esparciré sobre ustedes agua limpia, y seréis limpiados de todas vuestras inmundicias; y de todos vuestros ídolos os limpiaré». En Efesios 5:25-26 leemos: «Maridos amad a vuestras mujeres, así como Cristo amó a la iglesia, y se entregó así mismo por ella, para santificarla, habiéndola purificado en el lavamiento del agua por la palabra...». El Señor Yeshua, no tenía que bautizarse, pues el no cometió pecado, porque de lo contrario no hubiera podido ser el redentor, o lo que es lo mismo a ser el que pagó el precio por rescatarnos de la esclavitud del pecado y de la muerte. Él se bautizó para darnos su ejemplo y lo hizo a la edad de 30 años, cuando iba a comenzar su ministerio, porque esto se realiza cuando la persona es consciente del paso que va a dar al establecer un compromiso con nuestro Dios, para que la restauración sea efectiva, y que nuestro servicio a él y a nuestros hermanos sea cada vez en mayor obediencia, y por ende en mayor santidad.

Tal es la importancia de la tebila (bautismo) que cuando el Mesías al bautizarse salió del agua, ocurrieron tres cosas:

1. Los cielos fueron abiertos.

2. Vio al Espíritu de Dios que descendía como paloma e iba sobre él.

3. Hubo una voz de los cielos que decía: Este es mi Hijo amado, en quien tengo complacencia, Lucas 3: 21-22. Sobre el bautismo el Mesías dijo: «El que crea y sea bautizado [limpiado con la palabra de Dios] será salvo; mas el que no crea será condenado». La restauración del alma es un proceso extenso, en el que el creyente debe estar determinado a desarraigar todo pecado de su vida. Por tanto, el arrepentimiento formará parte del estilo de vida del creyente comprometido con Dios, y no será un medio para continuar

pecando voluntariamente, sino para que cada vez que debamos arrepentirnos por un pecado cometido, el arrepentimiento nos ayude también a ser perdonados para librarnos de ese pecado.

No hay que esperar a «ser mejor» para bautizarse, solo que no debe dudarse del camino que se ha elegido y estar convencido que la Palabra de Dios y su Espíritu nos ayudarán en el proceso de restauración del alma.

Capítulo 6 LA JUSTICIA DE DIOS Y EL JUSTO

EN el Salmo 119:172, la palabra dice: «Hablará mi lengua tus dichos, porque todos tus mandamientos son justicia»; y en Isaías 51:7 leemos: «Oídme, los que conocen justicia, pueblo en cuyo corazón está mi ley». En ambas citas comprobamos que la justicia de Dios la conforman sus mandamientos, leyes y, en general, todas sus instrucciones, que como ya hemos visto en hebreo se le llama «Torah».

El apóstol Pablo da una definición de quién es un justo, la que vemos en Romanos 2:13, donde dice: «Porque no son los oidores de la ley los justos ante Dios, sino los hacedores de la ley serán justificados». Aquí vemos claramente que Pablo está diciendo que los que hacen u obedecen a la ley de Dios son los que serán justificados, es decir, salvos. ¿Podrá el hombre que escribió esto, decir también que la ley de Dios ya pasó?

Ahora bien, ¿cuál es la ley de Dios o su Torah? La que le dio a Moisés en el monte Horeb. Así que a lo que se le dice la «Ley de Moisés» no es de Moisés, sino de Dios, y es la que está escrita en los cinco primeros libros de la Biblia, o lo que se conoce en el cristianismo como el Pentateuco. Antes que Dios le diera a su pueblo sus mandamientos, a través de Moisés, él le había dado leyes a Noé, a Abraham, a Isaac, a Jacob, y ellos obedecieron a lo que Dios les instruyó, aunque no formaba parte de un cuerpo de leyes escritas, por lo que Dios los catalogó como justos.

Dios le dijo a Noé lo que vemos en Génesis 7:1: «Entra tú y toda tu casa en el arca; porque a ti he visto justo delante de mí en esta generación». Así que vemos que Dios considera «justo» a aquel que se esfuerza por cumplir sus mandamientos e instrucciones. También el apóstol Pablo citando al profeta Habacuc escribió en Romanos 1:17: «El justo por la fe vivirá». Es decir, el justo que es el hacedor de la ley de Dios, por la fe en Cristo se salvará en el día que Dios ejecute el juicio. También la cita de Pablo dice: «Porque en el evangelio [el mensaje de salvación] la justicia de Dios se revela por fe y para fe». Esto quiere decir que por la fe en Yeshua y para la fe que obedece, o que es fiel a la palabra de Dios.

Capítulo 7 LO QUE DIJO EL MESÍAS SOBRE LA LEY DE DIOS Y LA VIDA ETERNA

YA vimos lo que está escrito en Mateo 5:17-18, que fue dicho por nuestro Señor Jesucristo, acerca de que él no había venido a abolir ni la ley ni los profetas, y que ni siquiera una tilde cambiaría en ella, hasta que pasaran la tierra y el cielo. Solamente esas citas deberían ser suficientes para pensar que Pablo no enseñaría algo contrario a eso y que cualquier otra interpretación sobre la ley de Dios en sus cartas debe ser una incorrecta interpretación. Esto, porque él no habló nunca contra la ley de Dios, lo que se explica en el capítulo sobre el apóstol Shaul, conocido también como Pablo.

Cuatro cosas han cambiado en la ley de Dios o ley de Moisés:

1. Las leyes correspondientes al sacerdocio levítico.

2. Las leyes que fueron dadas para un tiempo determinado.

3. La condena a muerte por la transgresión de la ley de Dios.

4. La ley por sí misma como medio de salvación.

- Ahora tenemos un Sumo Sacerdote no por el orden Aarónico, que fue el primer sumo sacerdote, sino por el orden de Melquisedec que significa: Rey de justicia y de paz, por tanto, como leemos en Hebreos 7:12: «Porque cambiado el sacerdocio, necesario es que haya también cambio de ley»; pero es cambio de la ley sacerdotal, y esas leyes eran las que correspondían a los sacrificios de animales para el perdón de los pecados, porque sabemos que el último sacrificio fue el del Cordero de Dios, Yeshua, el Mesías. Los versículos 18 y 19 del mismo capítulo también se refieren a eso.

- Tampoco están vigentes leyes tales como la de la esclavitud física, pues si ya no existe ese sistema tampoco se hacen necesarias las leyes correspondientes.

- En cuanto a la condena de muerte física por la comisión de un pecado también dejó de existir porque nuestro Señor murió por nosotros, por todos los pecadores.

- Antes de la venida de nuestro Señor Yeshua, la ley dada por Dios a Moisés era el medio que el pueblo de Israel y los extranjeros que formaban parte de él tenían para ser salvos; de hecho por la fidelidad a los mandamientos de nuestro Padre celestial se salvaron desde Abel, Noé, Abraham, Isaac, Jacob, Moisés y todos los que tuvieron un corazón obediente a Dios. El propio Mesías dijo lo que vemos en Mateo 22: 31-32: «Dios no es Dios de muertos sino de vivos». Ellos han estado vivos.

Así que una vez que el Mesías establece que él es «el Camino, la Verdad y la Vida», la ley de Dios por sí misma no salva porque Yeshua es el que propicia la salvación, pero al estar en la fe de Yeshua se está, por ende, en la ley de nuestro Padre Celestial, y el propio Mesías es la palabra de Dios hecha carne.

El Señor no solo confirmó la ley de Dios conocida en hebreo como Torah, sino que endureció algunos de los mandamientos, pues ¿qué será más riguroso cometer adulterio o ser considerado adúltero al ver una mujer y codiciarla? Le invitamos que lea y medite en el capítulo 5 de Mateo y compruebe que el Señor endureció las leyes que él citó, dándoles una nueva interpretación.

En Mateo 19:16-19 se narra un pasaje cuando un joven rico le pregunta a nuestro Señor ¿qué debía hacer para ganar la vida eterna? Y el Señor le responde: «Obedece a los mandamientos». También en Lucas 10:25, un intérprete de la ley le pregunta a Yeshua, para probarlo: ¿qué cosas debía hacer para heredar la vida eterna? Y el Señor, a su vez, le pregunta: ¿Qué está escrito en la ley? ¿Cómo lees? Y el intérprete de la ley le responde con los dos mandamientos de mandamientos, a lo que el Señor le responde: «Bien has respondido, haz eso y vivirás».

El Señor Jesucristo hablando con unos fariseos les dijo lo que vemos en Juan 5:45-47: «No piensen que yo voy a acusarles delante del Padre; hay quien les acusa, Moisés, en quien tienen sus esperanzas. Porque si creyeran a Moisés, me creerían a mí, porque de mí escribió él. Pero si no creen a sus escritos, ¿como creerán a mis palabras?» Aquí nuestro Señor Yeshua deja claro que para creerle a él hay que creerle a Moisés. Así que para aquellos creyentes que dicen que ya no están bajo la ley de Moisés (que es la ley de Dios) por estar bajo la gracia, no han entendido lo que dijo el apóstol Pablo. Pues por estar bajo la gracia, que es un favor inmerecido de Dios, es por lo que por agradecimiento y para dejar el pecado debemos aprender a obedecer la ley de nuestro Dios y de nuestro Salvador Jesucristo, Yeshua el Mesías.

Pablo no estaba hablando de la ley o Torah de Dios, sino de las leyes rabínicas del judaísmo «obras de la ley». Más adelante ampliaremos sobre esto.

Capítulo 8 ¿CÓMO SABEMOS EN QUÉ MEDIDA AMAMOS A DIOS?

HAY dos mandamientos de mandamientos que abarcan todos los mandamientos y leyes de Dios, que se encuentran tanto en el Antiguo como en el Nuevo Testamento. El primero lo encontramos en Deuteronomio 6:4-5 y en Marcos 12:29-30 y dice: «Oye Israel; el Señor nuestro Dios, el Señor uno es. Y amarás al Señor tu Dios con todo tu corazón, y con toda tu alma, con todas tus fuerzas y con toda tu mente».

Fíjense que comienza diciendo que Dios es uno, no tres, sino UNO. Este mandamiento abarca a los cuatro primeros, de Los Diez Mandamientos, que se refieren a nuestra relación con Dios. El segundo mandamiento de mandamientos lo encontramos en: Levítico 19:18 y Marcos 12:31, y dice: «Amarás a tu prójimo como a ti mismo». Este mandamiento se refiere a las relaciones entre las personas y abarca a los seis restantes de los Diez.

Ahora bien, vemos que los dos más grandes mandamientos son de AMOR, por lo que para los creyentes comprometidos con Dios, es una necesidad, al menos, tener una idea de en qué medida estamos amando a Dios, porque sino ¿cómo estaríamos seguros que realmente amamos a Dios y si es con todo el corazón con toda el alma, mente y fuerzas, o con una porción de ello?

La respuesta entre otros lugares la tenemos en Juan 14:15, 21 y 23, donde está escrito: «Si me amas obedece mis mandamientos» ¿No es un mandamiento escudriñar las Escrituras a lo que nos mandó el Señor y que vemos en Juan 5:39? ¿No es un mandamiento orar sin cesar? ¿No es un mandamiento aprender a obedecer los mandamientos como resultado de la fe en Yeshua y la fe de Yeshua?

Hermanos y lectores, pienso que realmente se puede amar a nuestro Dios con nuestro corazón, pero tal vez, no seamos hacedores de sus instrucciones al mismo nivel del amor que sentimos por él. Ahora bien, ¿quién es el que establece la manera de amarlo? ¿no es el propio Dios? Entonces si se habla mentira ¿es una expresión de amor a Dios?

Y cuando se incumple cualquiera de sus mandamientos, ¿no debemos arrepentirnos, pedir perdón genuinamente y proponernos erradicar ese pecado o cualquier otro?

Lo que está escrito en toda la Biblia es: «Obedece mis mandamientos». No puede haber otra forma de interpretar eso. Para mostrarle nuestro amor a Dios debemos aprender a obedecerlo. Es posible que conlleve un tiempo, pero al menos se debe tener un corazón obediente. En estos tiempos la palabra obediencia no es muy popular, pero es lo que está escrito por Dios, y él no negocia eso, porque dice que: «El Señor no tendrá por inocente al culpable» Nahúm 1:3.

Entonces lo anterior debe llevarnos a meditar en qué estamos obedeciendo a Dios y en qué no, y eso es algo de vital importancia porque Dios no nos va a juzgar por la palabra de los hombres, sino por su palabra. En Juan 14:24 leemos: «El que no me ama no obedece mis palabras; y la palabra que han oído no es mía, sino del Padre que me envió». El apóstol Pablo en Romanos 13:10 escribió lo siguiente: «El amor no hace mal al prójimo, así que el cumplimiento de la ley es el amor».

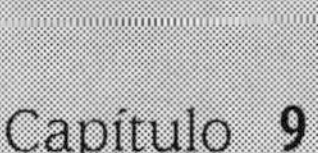

Capítulo 9 LO PRIMERO QUE SE LE DEBE ENSEÑAR A UN NUEVO CREYENTE COMPROMETIDO CON DIOS

¿QUÉ es comprometerse con Dios? Es cuando una persona decide dejar la vida de pecado y de vivir a su manera para volverse a Dios y a su palabra. Hacer de Dios el dueño de su vida porque en definitiva, el pagó el precio de nuestro rescate de la esclavitud del pecado y de la muerte. Entonces Dios mediante su Palabra y su Espíritu lo ayudará a restaurarse, quitando los hábitos pecaminosos, incluyendo a aquellos que ha practicado durante años, y que son difíciles de abolir. Al mismo tiempo se incorporan aquellas instrucciones que Dios dejó por escrito en la Biblia, y no se habían hecho, quizás por desconocimiento, por no habérseles enseñado, o tal vez por considerar que ya no están vigentes, sin que Dios las haya abolido.

En el Salmo 19:7: la palabra dice: «La ley de Dios es perfecta que convierte el alma; el testimonio de Dios es fiel, que hace sabio al sencillo». Entonces hay dos tipos de conversiones: Una es cuando el creyente procede al arrepentimiento, lo cual realiza en público para testimonio a otros, haciendo a Yeshua el Señor de su vida. Y la segunda es un proceso largo que consiste en la restauración del creyente y la adquisición de la santidad necesaria para que si muere, o viene Cristo mientras vive, sea un escogido y arrebatado o levantado al cielo y su cuerpo sea transformado como está escrito en 1 Tesalonicenses 4:16-17.

Ahora bien, cuando una persona entra en el camino de la Salvación debe comenzar a aprender los fundamentos de la palabra de Dios. En un concilio de los seguidores del Señor, donde participaron los ancianos y líderes de la congregación de Jerusalén, se acordó que a los gentiles que comenzaran su relación con nuestro Dios y Señor solo se les enseñara de inicio cuatro mandamientos:

1. Que se aparten de toda idolatría.

2. Que se aparten de la fornicación.

3. Que no cometan hechos de sangre.

4. Y que no coman animales ahogados, o que no fueron muertos derramando su sangre.

Lo anterior aparece en Hechos 15:19-20, pero en el versículo 21, seguidamente se dijo: «Porque Moisés desde tiempos antiguos tiene en cada ciudad quien lo predique en las sinagogas, donde es leído cada día de reposo». Entonces, ¿donde irían los gentiles a aprender los sábados la Escritura hecha por Moisés? A las sinagogas, porque en los tiempos de los apóstoles, los gentiles convertidos estudiaban la palabra de Dios en las sinagogas junto a los judíos.

¿Se les está enseñando a los nuevos creyentes en muchas iglesias cristianas lo acordado por los apóstoles del Señor en el concilio de Jerusalén? En el caso especifico de no comer sangre, ese mandato lo dio Dios a Noé (Génesis 9:4-5); lo reiteró Dios a través de Moisés (Levítico 17:10-14); y nuevamente lo recibimos como mandato en Hechos 15:20, por Jacobo, quien era el hermano del Señor (Gálatas 1:18) y líder de los seguidores del Mesías en Jerusalén. ¿Será importante ese mandamiento?

No se trata de no ponerle una transfusión de sangre a quien lo necesita para salvar su vida, sino de comer sangre o carnes que la contengan. ¿Hay algún lugar en la Biblia donde eso está derogado o abolido? Entonces lo de la sangre, como lo demás que de manera escrita esté en la Biblia y Dios no lo haya quitado, está VIGENTE.

Capítulo 10 ¿ESTÁN VIGENTES LOS DIEZ MANDAMIENTOS?

DIOS, que en hebreo es Elohim, ha tenido dos testimonios en la Tierra. El que dio primero fueron los Diez mandamientos escritos en dos tablas de piedras. En Éxodo 24:12 está escrito: «Entonces *Elohim* dijo a Moisés: Sube a mí al monte, y espera allá, y te daré tablas de piedra, y la ley, y MANDAMIENTOS QUE HE ESCRITO para enseñarles».

Aquí vemos cómo Dios escribió los mandamientos, y también le dio sus leyes a Moisés, que es lo que también se conoce como la ley de Moisés. Las mismas están escritas en los primeros cinco libros de la Biblia, redactados por Moisés, por lo que también se confirma aquí que es la ley de Dios y no de Moisés, aunque también se le llama de esta última manera. Lo único que Dios ha escrito él mismo han sido los Diez Mandamientos. En Éxodo 31:18 leemos: «Y dio a Moisés, cuando acabó de hablar con él en el monte de Sinaí, dos tablas del TESTIMONIO, tablas de piedra escritas con el Dedo de Dios». ¿Será importante para Dios este testimonio suyo? Le dio tanta importancia que le instruyó a Moisés construir un arca de madera de acacia cubierta con oro puro: con una tapa de oro fino llamada «Propiciatorio». Dentro de esa arca Dios dijo que se pusiera su testimonio; es decir las dos tablas de piedra con los Diez Mandamientos grabados en ella. Dicha arca también tendría a sus lados dos querubines de oro, en señal de custodia, y en medio de ellos habitaría la Shekina o presencia Divina, en forma de nube.

El Padre Celestial dio los Diez Mandamientos, que vienen a ser la constitución de su legislación divina, y que estaban acompañados de seiscientas trece leyes más, que ayudarían al buen cumplimiento de esos Diez Mandamientos principales. Esa arca que contenía a los Diez Mandamientos, la vara de Aarón y la porción de mana; Dios le instruyó a Moisés que la pusiera en un aposento que fue llamado «El lugar Santísimo».

El rey Salomón cuando construyó el Templo de Dios en el «Lugar Santísimo» creó un mecanismo para que en caso de que Jerusalén cayera en manos del enemigo, y por ende el templo, no se pudieran apoderar del Arca de la Alianza o Arca del Pacto. Este mecanismo fue tan efectivo que no solo los babilonios no pudieron apoderarse del Arca, sino que hasta la fecha nadie ha podido.

En el escrito de 2 Macabeos 2:1-8 que aparece en algunas versiones bíblicas, aunque se plantea que no es un libro inspirado por Dios, sí contiene datos de interés como que Jeremías instruido por Dios, trasladó el Arca hasta el lugar conocido como la gruta de Jeremías y la escondió allí. También está escrito que los colaboradores de Jeremías volvieron al lugar para marcarlo y no lo encontraron. Entonces Jeremías los reprendió y les dijo: «Ese lugar quedará ignorado hasta que Dios tenga misericordia de su pueblo y lo reúna». Por tanto, entendemos que el hecho de que el Arca no haya aparecido, y lo que se plantea en Macabeos, Dios la ha reservado para los tiempos del fin y muy probablemente también para el séptimo milenio en que nuestro Rey Cristo, Yeshua el Mesías reinará en Jerusalén.

Todos los acontecimientos bíblicos que ocurrieron antes de la primera venida de Mesías fueron sombra, anuncio profético, y ensayo de lo que ocurrió durante su ministerio en la tierra, y lo que Dios hizo a través de los apóstoles del Señor, y de eventos que aún no han sucedido. Por tanto una de las cosas que estableció en su palabra es que «sin sangre no podía realizarse el perdón de los pecados» (Hebreos 9:22) e instruyó todo lo relacionado con la fiesta de la Pascua, y la santa convocación de Yom Kippur o Día del Perdón. En esta festividad era el único día en que el Sumo Sacerdote podía entrar en el lugar Santísimo, con la sangre de los animales sacrificados a Dios, y con los dedos mojados en esa sangre rociaba la parte izquierda del Propiciatorio o tapa del Arca (Levítico 16:14-15) y de esa forma Dios concedía el tan esperado perdón para todo el pueblo de Israel, que lo esperaba ansiosamente.

El arqueólogo Ron Wyatt, descubridor del Arca de Noé y de otros lugares bíblicos, plantea que después de una serie de circunstancias que lo llevaron a Jerusalén, y por revelación, conoció el lugar de la llamada «Gruta de Jeremías» donde se encontraba el Arca del Pacto, y después de tres años de excavaciones llegó al lugar donde se encontraba. Fue orientado para que tomara muestras de la sangre que se encontraba en la parte derecha del propiciatorio, parte opuesta a donde los sumos sacerdotes rociaban la sangre de los animales sacrificados para la expiación de los pecados. Esto no ha sido probado porque no ha sido confirmado por las autoridades de Israel. Según Ron Wyatt, se le dijo que en el tiempo determinado se mostraría todo con relación al maravilloso objeto, que fue el trono de Dios en la Tierra, pues allí se asentaba la Shekina o presencia divina de Dios en forma de nube.

Todo esto está detallado en *youtube*. Según Ron Wyatt la sangre que se encontraba en la parte derecha del Arca es la que procedió de nuestro Señor, cuando fue traspasado con una lanza y salió sangre y agua. Hay elementos que le dan cierta veracidad a la historia del arqueólogo.

1. Segun Ron Wyatt, el Arca se encuentra exactamente debajo del lugar de la crucifixión del Señor.

2. La sangre rodó por la hendidura que provocó el terremoto que ocurrió cuando el Señor murió, y tiene lógica que cayera sobre el propiciatorio, en su parte derecha, lugar reservado para la sangre del Cordero de Dios (Mateo 27:51).

Lo anterior también está vinculado con el Nuevo Pacto, lo cual se explica en el capítulo dedicado a ello. Debemos tener en cuenta lo que está escrito en Apocalipsis 11:19 que es lo siguiente: «Y el templo de Dios fue abierto en el cielo, y el arca de su pacto se veía en el templo». Podemos decir que Juan vio el arca en el cielo porque también él se encontraba allí, en el Espíritu, en el día del Señor.

Pero ¿será en el cielo donde se vea el Arca? Y. ¿por qué Dios mostrará el Arca del Pacto en los tiempos del fin? Sin duda alguna, esto nos indica que Dios le da y le dará un lugar especial al Arca del Pacto, y por tanto, a lo que está encima, que debe ser la sangre de nuestro Redentor y Salvador, y a lo que contiene, las tablas de sus Diez Mandamientos. Es decir, los dos testimonios juntos: los mandamientos que él mismo escribió, junto con la sangre de quien es su otro testimonio en la tierra, su palabra hecha carne, su amado Hijo y Señor nuestro, Yeshua el Rey de reyes y Señor de señores.

Así que estimados hermanos y lectores en general, los Diez Mandamientos están escritos en Éxodo 20:1-17 y en Deuteronomio 5:6:21. Escudríñelos, y hágalos parte de su vida; aprécielos como Dios y obedézcanlos, porque nuestro Señor dijo, y está escrito en Mateo 5:17-18, que él no vino a abolirlos, sino a cumplirlos; y que no pasaría de ellos ni una letra, ni un acento, mientras que este cielo y esta tierra permanezcan.

Nadie tiene potestad para determinar cambiar o dejar sin efecto alguno de esos Diez Mandamientos, solo Dios pudiera hacerlo, y no lo ha hecho, así que escudríñelos y si alguien le dice algo que varíe en alguna medida el testimonio de Dios, no lo crea, y profundice en ellos para que camine con la verdad.

Capítulo 11 EL CUARTO MANDAMIENTO

YA hemos visto la vigencia de los Diez Mandamientos, que lejos de ser abolidos fueron confirmados en el Nuevo Testamento o Nuevo Pacto.

Ahora bien, el cuarto mandamiento que se refiere al día de reposo, o como se llama en hebreo el shabat, se torna muy polémico. En muchos países el día festivo por excelencia, en el que la mayoría de los trabajadores descansan es el domingo y, por ende, es cuando se congregan en la mayoría de las diferentes iglesias cristianas y de otras religiones, que dicen tener a la Biblia como su autoridad.

En muchos países, especialmente en occidente, se conoce que el domingo es el primer día de la semana, y por tanto, el sábado es el séptimo. Pero el cambio fue impuesto por el imperio romano, a partir de que el emperador Constantino declarara al cristianismo como su religión, y del imperio Romano, lo que se realizó a partir del concilio de Nicea en el 325 d.C.

El domingo era el día que los romanos lo dedicaban a sus dioses cuando practicaban el mitraísmo, pues ellos eran adoradores del sol. De hecho en inglés el domingo es *Sunday*, que sabemos que significa día del sol. Este día se heredó por las denominaciones e iglesias protestantes hasta el día de hoy, con pocas excepciones.

El cuarto mandamiento lo podemos leer en Éxodo 20:8-11, donde dice: «Acuérdate del día de reposo [shabat] para santificarlo [apartarlo, hacerlo especial]. Seis días trabajarás y harás toda tu obra [todo lo que las personas quieran hacer]; mas el séptimo día es reposo [un día completo de 24 horas] para el Señor tu Dios [ese día es del Señor y no nuestro]; no hagas en él obra alguna [solo dedicarlo a las cosas de Dios], tú, ni tu hijo, ni tu hija, ni tu siervo, ni tu criada, ni tu bestia, ni el extranjero que está dentro de tus puertas [gentiles]. Porque en seis días hizo el Eterno los cielos y la tierra, el mar y todas las cosas que en ellos hay, y reposó en el séptimo día; por tanto, bendijo Dios el séptimo día y lo santificó».

Dios no necesita descansar, pero lo hizo para darnos su ejemplo, y que entendamos la importancia que le dio a ese día. En algunas versiones católicas de la Biblia, no dice séptimo día sino sábado. También en la obra de Martín Lutero, en el tomo III, página 643, Lutero escribió que el día de reposo es el sábado. En ningún lugar de la Biblia está escrito que el día de reposo fue derogado o cambiado de día

Sobre eso nuestro Salvador dijo lo siguiente:

1. Que se puede hacer el bien en ese día, como orar por un enfermo, cosa que él mismo hizo. Lucas 6:9-10.

2. Dijo que él es el Señor del día de reposo; y nos preguntamos si eso le da más o menos importancia a ese día. Sin duda alguna, Yeshua confirma la importancia de se día, que de hecho Dios lo plantea como SU DIA ESPECIAL, dedicado a Él; lo cual mostramos en el mandamiento y se encuentra en otros lugares de la Biblia. En Lucas 4:31 leemos lo siguiente: «Descendió *Cristo* a Capernaum, ciudad de Galilea; y les enseñaba en los días de reposo». En Mateo 24:20 está escrito lo que sigue: «Oren para que su huida no suceda en invierno ni en día de reposo». En la versión bíblica la Nueva Versión Internacional (NVI) en vez de día de reposo dice «sábado».

¿Por qué el Señor pide que oremos para que la huida que habrá que realizar no se realice en día de reposo, sábado o shabat? Solo para que ese día no sea transgredido, ni siquiera en la huida. También el apóstol Pablo visitaba a las sinagogas los días de reposo; y también en esos días le enseñaba a los gentiles, como está escrito en Hechos 13:14, 42 y en Hechos 17:2, vemos cómo Pablo, durante tres días de reposo (shabat) enseñó mediante las Escrituras, que Yeshua era el Mesías, y las Escrituras era el Antiguo Testamento, porque no existía el Nuevo. Según el calendario que rige en todo el mundo, el cambio de un día a otro se produce a las 12 de la noche; pero el calendario bíblico es lunar (Salmo 104:19) y el que rige es solar, que fue puesto en vigor a partir del 1520 d.C.

Dios estableció el cambio de días en la semana de la creación, pues al narrar cada uno de los días decía: «Y fue la tarde y la mañana un día» Génesis 1:5-31. Así que cuando comienza a oscurecer, o lo que se le llama el ocaso, ocurre el cambio de días. Se ha explicado lo anterior, porque los que tenemos al sábado como el día de reposo, lo comenzamos desde la caída de la tarde del viernes, que comienza el sábado, hasta la caída de la tarde del sábado, que cambia a domingo.

Entonces los apóstoles y seguidores del Mesías guardaban ese día de igual manera. Así que en Hechos 20:7 leemos: «El primer día de la semana, reunidos los discípulos para partir el pan, Pablo les enseñaba, habiendo de salir al siguiente día, y alargó el discurso hasta la medianoche». Si tenemos en cuenta que el cambio de días es al atardecer, entonces Pablo estuvo enseñando después de finalizar el día de reposo o sábado, y continuó la noche del domingo hasta la medianoche y saldría de viaje el lunes.

En Éxodo 31:12-17, Dios establece claramente al día de reposo (shabat) como la señal entre él y su pueblo, y lo establece como pacto perpetuo para siempre. ¿Habrá cambiado eso Dios? En ninguna parte de la Biblia está escrito que eso ha sido cambiado. En Isaías 58:13-14, está escrito: «Si retrajeres del día de reposo tu pie, de hacer tu voluntad en MI DÍA SANTO, y lo llamares delicia, santo, glorioso del Señor; y lo venerares, no andando en tus propios caminos, ni buscando tu voluntad ni hablando tus propias palabras, entonces te deleitarás en el Señor; y yo te haré subir sobre las alturas de la tierra [esto se parece al arrebatamiento], y te daré a comer de la heredad de Jacob [la tierra de Israel] tu padre; porque la boca del Señor lo ha hablado».

Amados hermanos y lectores, hasta en el Milenio, o los mil años de reposo, o Gran Shabat, en que Jesucristo (Yeshua) va a reinar en la Jerusalén terrenal (porque así está escrito en Hechos 1:10-11 y en Zacarías 14:3-5) va a mantenerse el día de reposo shabat, lo que podemos ver en Isaías 66:22-23: «...Y de día de reposo en día de reposo, vendrán todos a adorar delante de mi, dijo el Señor». Mis amados hermanos y lectores, los que no están obedeciendo el cuarto mandamiento como está instruido en la Biblia por Dios ¿no deberían analizar, orar, y meditar acerca del DÍA SANTO DE DIOS para obedecerlo?

En Apocalipsis 12:5 y 19:15 está escrito que «Yeshua gobernará con vara de hierro». Así que de todo corazón sugiero que se medite en esto profundamente, pues es inmensamente mejor arrepentirse a tiempo, que sufrir las consecuencias de cambiar, e incluso abolir en muchos casos, el mandamiento más extenso de los Diez Mandamientos y parte integrante del testimonio de Dios en la tierra.

Los líderes espirituales pueden hacer reuniones los domingos por aquellos que aún descansen ese día, pero debieran enseñar que el Día del Señor es el sábado (Shabat), y hacer en ese día su principal servicio.

Capítulo 12 ¿QUÉ ES LA IDOLATRÍA?

La palabra idolatría tiene dos significados fundamentales:

1. Adoración o culto que se le rinde a un ídolo. Imagen a la que se adora y se honra, como a un dios, o como un intermediario entre la persona y un dios.

2. Amor o admiración excesiva por una persona o cosa.

¿Por qué hay una gran cantidad de personas que tienen un ídolo y ponen su confianza en él? Porque al ídolo solo le piden deseos, le dedican sacrificios de animales, les ponen comida y les hacen promesas; pero no le tienen que rendir cuentas, lo cual es lo que hace una gran diferencia entre la relación que establecen con un ídolo, a la que deben establecer con Dios, a la manera de Dios, y no como a las personas les parezca.

Entonces el nò someterse a ninguna regla en la relación con un ídolo, amuleto, o cualquier objeto que se le ponga confianza para protección o como facilitador de cualquier otra cosa, es lo que hace esa relación fácil. Es lo mismo que han hecho algunas religiones; hacer fácil la palabra de Dios y decir lo que las personas quieren oír, para hacer a esas religiones, denominaciones o iglesias más populares, lo cual posibilita una gran cantidad de miembros.

El segundo mandamiento de los Diez Mandamientos está muy claro, pero muchos lo pasan por alto, o no le prestan el debido respeto; por lo que citamos a continuación a Deuteronomio 5: 8-10, donde dice: «No harás para ti escultura, ni imagen alguna que esté arriba en los cielos, ni abajo en la tierra, ni en las aguas debajo de la tierra. No te inclinarás a ellas ni las servirás; porque yo soy el Señor tu Dios, fuerte CELOSO, y cuando los padres son malvados yo castigo a los hijos hasta la tercera y la cuarta generación de los que me desprecian, y hago misericordia a miles, a los que me aman y obedecen mis mandamientos».

¿Cuántas personas de los que dicen creer en Dios realmente lo desprecian por causa de desobedecer este importantísimo mandamiento? En el Salmo 115: 3-8 leemos: «Nuestro Dios está en los cielos; todo lo que quiso ha hecho. Los ídolos de ellos son plata y oro, obra de manos de hombres. Tienen boca mas no hablan; tienen ojos mas no ven; orejas tienen mas no oyen; tienen narices mas no huelen; manos tienen mas no palpan; tienen pies mas no andan; no hablan con su garganta. Semejantes a ellos son los que lo hacen, y cualquiera que confía en ellos». El apóstol Pablo refiriéndose a los ídolos de esculturas, dijo en 1 Corintios 10:19-22 lo siguiente: «¿Qué digo, pues? ¿Que el ídolo es algo, o que sea algo lo que se sacrifica a los ídolos? Antes digo que lo que los gentiles sacrifican a los ídolos, a los demonios lo sacrifican, y no a Dios; y no quiero que ustedes se hagan partícipes con los demonios. No pueden beber de la copa del Señor, y la copa de los demonios; no pueden participar en la mesa del Señor y de la mesa de los demonios. ¿O provocaremos a celos al Señor? ¿Somos más fuertes que él». Fíjense que Pablo dice si provocáramos a celos al Señor, y el mandamiento dice que Dios es un Dios CELOSO, es decir no comparte su gloria, ni el lugar que solo él debe tener en nuestras vidas.

Toda persona o cosa, que tenga más o igual valor que Dios para alguien, no es digno de ser apreciado por el Todopoderoso; porque está claro que él debe ocupar el primer lugar en nuestras vidas, a una gran diferencia de lo que pueda ocupar el segundo. Por ejemplo para muchas personas el dinero es su Dios, y si por dinero se deja de obedecer a un mandamiento del Altísimo, o se tiene más presente de alguna manera que al Padre Celestial, entonces leamos lo que dice el Señor en Lucas 16:13, que es lo siguiente: «Ningún siervo puede servir a dos señores; porque o aborrecerá a uno y amará al otro, o estimará al uno y menospreciará al otro. No pueden servir a Dios y a las riquezas». Todo lo que se ponga por delante de nuestro Creador es idolatría.

Se idolatra a personas, a cosas. Se manifiestan cosas, tales como: «ese es mi ídolo»; lo cual puede ser un familiar, un deportista, un artista y muchos o muchas otras cosas.

El que ama demasiado a una persona, al punto que deje de atender a Dios por ella; o viole un mandamiento por la misma; comete idolatría, y la palabra dice lo siguiente: El que ama más a padre o a madre más que a mí, no es digno de mí; el que ama a hijo o a hija más que a mí, no es digno de mí; y el que no toma su cruz y sigue en pos de mí, no es digno de mí» Mateo 10:37-38. El no ser digno del Señor puede implicar estar fuera del camino de la Salvación. Dios mostró su amor de tal manera que dio lo que más ama para salvarnos, y él no quiere que nadie se pierda, sino que todos procedan al arrepentimiento.

No cambie ese amor y esa gran posibilidad de salvación y vida eterna por ningún ídolo, ni por algo o alguien a quien usted esté idolatrando, sino aproveche la oportunidad única que da nuestro Creador de vivir con él por toda la eternidad.

Capítulo 13 ¿QUÉ SON LAS TRADICIONES?

LAS tradiciones son costumbres, ritos, y doctrinas creadas por los hombres, que se trasmiten de padres a hijos; de generación en generación; de un maestro a otro; de un líder religioso a otro; siendo muchas de esas doctrinas invalidantes de la palabra de Dios.

Todas las religiones tienen un número determinado de tradiciones. En Mateo 15:3 vemos lo que le dijo el Mesías a unos escribas y fariseos: «¿Por qué ustedes quebrantan el mandamiento de Dios por su tradición?» Y en los versículos 7-9 continúa: «Hipócritas, bien profetizó de ustedes Isaías cuando dijo: Este pueblo de labios me honra; mas su corazón está lejos de mí. Pues en vano me honran, enseñando como doctrinas mandamientos de hombres». Así que ya desde los tiempos de Isaías se profetizó la adulteración de la palabra de Dios. ¿Qué habrá pasado casi dos mil años después de la estancia en la tierra de nuestro Señor Jesucristo? Tomando en consideración que eran culturas muy diferentes a la del pueblo de Israel, y con idiomas diferentes; existiendo no solo el judaísmo como religión, que posee la palabra de Dios desde Génesis hasta Malaquías, con un gran número de leyes rabínicas; sino también un grupo de religiones que profesan el cristianismo, y con miles de denominaciones cristianas.

Con tantas religiones y denominaciones que profesan la fe en Cristo, muchas personas que desean acercarse al Dios Creador se preguntan: ¿cuál será la religión o denominación verdadera?, porque todas dicen ser la verdadera. La respuesta es que la Biblia, que es el manual de instrucciones que Dios nos ha legado para que aprendamos a hacer su voluntad y poder recibir lo que él promete, no se instruye la creación de alguna religión o denominación cristiana. Dios habla de su iglesia, pero iglesia es la palabra griega EKKLESIA, que se encuentra en la concordancia Strong, en el diccionario de palabras griegas, en el numero 1577, y por orden encontramos los significados siguientes: Llamar fuera; reunión popular; congregación religiosa (sinagoga judía, o comunidad cristiana de miembros en la tierra, o santos en el cielo, o ambos); asamblea, concurrencia, congregación, iglesia.

Entonces vemos que la palabra iglesia tiene varios sinónimos, tales como: sinagoga judía, comunidad cristiana, congregación. En Hechos 7:38, hablando Esteban ante el concilio de sacerdotes del Sanedrín, dijo lo siguiente: «Éste es aquel Moisés que estuvo en la CONGREGACIÓN en el desierto con el ángel que hablaba en el monte Sinaí, y con nuestros padres, y que recibió PALABRAS DE VIDA que darnos...» Así que al pueblo de Israel salido de Egipto también se le llamó CONGREGACIÓN, pero NO está escrito iglesia porque la tradición cristiana dice que la iglesia comenzó en la fiesta de Pentecostés, aunque allí no había ningún gentil: todos eran judíos o prosélitos, que eran extranjeros convertidos al judaísmo.

En el primer significado que aparece sobre ekklesia esta «Llamar fuera». Dios llamó fuera de Egipto a su pueblo, que estaba en la esclavitud física; y después lo ha continuado llamando a salir del sistema mundano de pecado. En Apocalipsis 18:4, Dios llama a su pueblo a salir de en medio de Babilonia la Grande, que es un sistema que fornica con muchos dioses, con tradiciones y mandamientos de hombres, que invalidan la palabra de Dios, para que no participemos de sus pecados y, por tanto, no recibir parte de sus plagas.

No olvidemos hermanos y amigos, Jesucristo el Mesías, rechazó tres veces las tentaciones de satanás diciéndole: «Escrito está..». Es decir, solo lo escrito es la palabra de Dios y todo lo que se le añada y se le quite, si Dios no lo ha hecho, medite y escudríñelo para que tampoco usted lo haga, porque nuestro Dios nos juzgará no por las tradiciones y leyes de hombres, sino por su palabra escrita.

Capítulo 14 HAY UN SOLO EVANGELIO VERDADERO

¿SERÁ que el evangelio significa lo mismo para la teología cristiana que para el apóstol Pablo? No se puede establecer una doctrina con base en unos versículos bíblicos, pues lo que se cree debe estar en armonía con los sesenta y seis escritos de la Biblia.

Si aparentemente hay contradicciones sobre algo, entonces, hay una incorrecta interpretación, que en algunos casos ha sido producto de las traducciones. La regla de interpretación bíblica la encontramos en el Salmo 119:160, que dice: «La suma de tu palabra es la verdad, y eterno es todo juicio de tu justicia». Así que la suma quiere decir, que en caso de haber unos versículos sobre un tema, y hay otros que tratan el mismo tema, pero con una interpretación diferente, entonces los que suman mayoría son los correctos.

La palabra evangelio procede del griego y la podemos encontrar en la concordancia Strong en el número 2097, apareciendo como EUANGELIZO, y significa: anunciar buenas nuevas (evangelizar); noticia; predicar; evangelio, anunciar, bueno. ¿Qué se dice generalmente que es el evangelio? Lo que aparece en 1 Corintios 15:3-4: «Porque primeramente les he enseñado lo que asimismo recibí: Que Cristo murió por nuestros pecados, conforme a las Escrituras; y que fue sepultado, y que resucitó al tercer día conforme a las Escrituras...». ¿A qué Escrituras se refiere Pablo? Al Antiguo Testamento, porque el Nuevo no existía. Tanto Cristo como los apóstoles y todos los discípulos del Señor enseñaban con el Antiguo Testamento, eso era para ellos las Escrituras.

De hecho los escritos más utilizados por el Señor fue Deuteronomio e Isaías. Esto es lo que por regla se enseña de lo que es el evangelio. Pero el apóstol Pablo escribió en Gálatas 1:6: «Estoy maravillado de que tan pronto se hayan alejado del que los llamó por la gracia de Cristo, para seguir un evangelio diferente. No que haya otro, sino que hay algunos que los perturban y quieren pervertir el EVANGELIO de Cristo». Como vemos Pablo también denuncia los intentos de adulterar el evangelio del Señor.

¿Qué habrá pasado a casi dos mil años de ese pronunciamiento de Pablo? Eso es lo que pretende mostrar este trabajo. En Romanos 1:16 Pablo escribió: «Porque no me avergüenzo del evangelio, porque es PODER de Dios para SALVACIÓN a todo aquel que cree; al JUDÍO primeramente y también al griego». Entonces, ¿el evangelio es primeramente para el judío, no es solo para los gentiles? Bueno, escrito está. En 1 Pedro 4:17 leemos: «Porque es tiempo que el juicio de Dios comience por la Casa de Dios; y si primero comienza por nosotros, ¿cuál será el fin de aquellos que no OBEDECEN al evangelio de Dios?»

Si según la tradición el evangelio se reduce a que el Mesías murió y resucitó por nosotros, y por tanto hay que pedirle perdón al Padre y aceptar a Cristo como Salvador; entonces ¿qué hay que obedecer del evangelio? No hay duda que el sacrificio de nuestro Redentor y Señor ha sido el acto de amor más grande de la historia de la humanidad, y lo hizo por nuestros pecados, resucitando para nuestra justificación. Pero, ¿eso solo es el evangelio? Eso son los eventos principales, pero hay otra parte muy importante.

En 1 Pedro 1:25 leemos: «...Mas la palabra del Señor permanece para siempre. Y ésta es la palabra que por el EVANGELIO les ha sido anunciada». ¿Cuál palabra? Los mandamientos y leyes de Dios, los profetas y la interpretación que a esa palabra le dio Jesucristo, que entre otras cosas, dijo: «Que hasta que no pasaran el cielo y la tierra ni una jota, ni una tilde pasaría de la ley de Dios o ley de Moisés». En Romanos 10:16 Pablo escribió: «Mas no todos OBEDECIERON al evangelio...». En 2 Tesalonicenses 1:7-9: «...cuando se manifieste el Señor Yeshua desde el cielo con los ángeles de su poder, en llama de fuego, para dar retribución a los que no conocieron a Dios, ni OBEDECEN al EVANGELIO de nuestro Señor Jesucristo; los cuales sufrirán pena de eterna perdición, excluidos de la presencia del Señor y de la gloria de su poder».

El evangelio no comenzó con Cristo porque su comienzo fue con los mandamientos, leyes e instrucciones en general de Dios, que fueron dados por él en el monte, al sacar a su pueblo de Egipto. Esto se confirma en Hebreos 3:16-19 y 4:2, donde dice: «¿Quiénes fueron los que, habiendo oído, le provocaron? ¿No fueron los que salieron de Egipto por manos de Moisés? ¿Y con quiénes estuvo él disgustado cuarenta años? ¿No fue con los que pecaron, cuyos cuerpos cayeron en el desierto? ¿Y a quiénes juró que no entrarían en su reposo [el reposo del séptimo milenio o gran shabat], sino a aquellos que DESOBEDECIERON? Y VEMOS QUE NO PUDIERON ENTRAR A CAUSA DE SU INCREDULIDAD». Continúa en el capítulo 4:2 que dice: «Porque también a nosotros se nos ha anunciado la BUENA NUEVA [evangelio] COMO A ELLOS; pero no les aprovechó el oír la palabra, por no ir acompañada de FE en los que la oyeron.»

¿Qué es fe? Fidelidad a la palabra de Dios; la fe que obedece a lo que se cree con certeza en lo que se espera, la convicción de lo que no se ve. Hebreos 11:1 Entonces a los israelitas se les fue predicadas las BUENAS NUEVAS, ¿y por qué en algunas versiones bíblicas no dice evangelio? Por la razón antes expuesta, de que la tradición plantea que el evangelio comenzó con Cristo. Entonces concluimos que el evangelio o buenas nuevas, o buen mensaje, se lo trasmitió Dios a su pueblo a través de Moisés, desde los Diez Mandamientos y leyes, hasta la última instrucción que fueron completadas por Jesucristo y sus discípulos.

A lo que se le llama ley en las versiones bíblicas más difundidas, en hebreo se le llama TORAH, que más que ley son las instrucciones y enseñanzas de nuestro Dios; o a lo que en griego se conoce como evangelio. Esta es la verdad, el evangelio son las instrucciones y enseñanzas de Dios, que incluye a sus mandamientos y leyes, se llama en hebreo TORAH. Es por ello que en el hebreo no se encuentra una palabra de la que se haya originado la palabra evangelio, porque la palabra que se sustituyó fue precisamente TORAH.

El evangelio culmina con el sacrificio de nuestro Redentor, Señor y Salvador Jesucristo, Yeshua el Mesías, y su resurrección. El que le interese más la verdad de Dios que cualquier otra cosa, aceptará lo que claramente está escrito, de lo cual aquí hemos brindado una muestra. ¡Bendito sea el Dios y Padre de nuestro Señor Yeshua, y Padre nuestro!

Capítulo 15 DIOS ES UN SOLO DIOS

SEGÚN la Escritura bíblica, o toda la Biblia, NO EXISTEN TRES DIOSES; DIOS ES UN SOLO DIOS. Si no fuera así, la doctrina bíblica no sería monoteísta (un solo Dios) fuera politeísta, o más de un dios.

Tanto en Deuteronomio 6:4, como en Marcos 12:29 está escrito: «Oye, Israel; el Señor nuestro Elohim [Dios], el Señor uno es». Esta es la primera parte del mandamiento de mandamientos; es decir el más importante de toda la palabra de Dios, que como ya explicamos abarca los primeros cuatro mandamientos de «Los Diez Mandamientos».

Ahora bien, Dios se manifiesta como él desea o entiende porque es Todopoderoso. Se manifiesta en carne a través de su Hijo, y se manifiesta en Espíritu a través de su Espíritu Santo; o *Ruaj Ha Kodesh*, que significa viento o brisa de santidad. En 1 Timoteo 2:5 está escrito: «Porque hay un solo Dios, y un solo mediador entre Dios y los hombres, Jesucristo hombre». Aquí no se menciona a Cristo como Dios, sino como mediador entre Dios y los hombres en su status de hombre. El Dios de Israel, del mundo y del universo, es TODOPODEROSO; que significa que todo lo puede y que no hay nada difícil para él.

En Génesis 17:1 Dios le dijo al patriarca Abraham: «Yo soy el Dios Todopoderoso; anda delante de mí y sé perfecto». Y en Génesis 18:14 le dijo: «¿Hay para Dios alguna cosa difícil?» Dios ha demostrado suficientemente ese poder, y eso lo percibimos en la propia Creación. Cuando observamos todo lo creado, las personas que creemos experimentamos la grandeza de Dios y su infinito poder. Dios se manifestó como hombre cuando se reunió con Abraham y comió con él; se manifestó como una columna de fuego que guiaba a su pueblo de noche; y como una nube en el desierto cuando sacó a Israel de Egipto; como un viento huracanado en la fiesta de Shavuot, de las

Semanas o Pentecostés; su presencia divina en forma de nube se ponía sobre el Arca del Pacto, en el lugar Santísimo; se manifestó como el Ángel del Señor; se manifiesta como redentor y Salvador a través de Yahshua; y se manifiesta a través de su Espíritu que mora en los creyentes comprometidos con Dios a través del Mesías; el cual nos guía y es nuestro ayudador en todas las cosas en la que le damos participación.

Acudiendo al Antiguo Testamento o Tanak como se le llama en hebreo, citamos a Isaías 9:6, donde está escrito: «Porque un niño nos es nacido, hijo nos es dado, y el principado sobre su hombro; y se llamará su nombre Admirable, Consejero, Dios Fuerte, Padre Eterno, Príncipe de Paz». Este tema es difícil, pero lo que sí debe estar claro para todo creyente que busca la verdad, es que el Dios de Israel y de todo el universo es UN SOLO DIOS. Cuando digo Dios de Israel, estoy incluyendo a los gentiles que se convierten a Jesucristo o Yahshua (como es su nombre original), como lo dice Pablo en Gálatas 3:29, lo cual ampliamos más adelante. Nuestro Padre Celestial dice en el segundo mandamiento: «...yo soy UN DIOS fuerte y celoso...» Deuteronomio 5:9. La palabra UNO en hebreo significa también UNA UNIDAD, y es por ello que Yahshua dijo lo que está escrito en Juan 10:30: «Yo y el Padre UNO somos», o lo que es lo mismo a: «Yo y el Padre somos EJAD», que es la palabra hebrea que expresó el Mesías. Esto significa que el Hijo y el Padre, así como su Ruaj o Espíritu están unidos de tal forma que son UNO.

En Juan 14:23 nuestro Señor dice: «El que me ama, mi palabra OBEDECERÁ; y mi Padre le amará, y vendremos a él, y viviremos en él». Eso significa que en los que tengan un corazón obediente a Dios, él y Yahshua vivirán en ellos a través de su Espíritu. El Ruaj o Espíritu del Altísimo es una unidad también con el Padre y con el Hijo y vemos cómo al principio de la Creación la palabra dice en Génesis 1:2: « ...y el Espíritu de Dios se movía sobre la faz de las aguas». Por otra parte, en Génesis 1:26 está escrito: «Entonces dijo Dios: hagamos al hombre a nuestra imagen, conforme a nuestra semejanza». Aquí Dios está hablando en plural.

Planteando mi intención de, en primer lugar, ser humilde ante tanta grandeza en este tema de «Dios es un solo Dios»; en Juan 1:1 y 1:14, se plantea que «la palabra de Dios estaba en el principio con Dios y la palabra era Dios» y que «el verbo [o la palabra (davar en hebreo) de Dios] se hizo carne, y habitó entre nosotros (y vimos su gloria como la del unigénito del Padre), lleno de gracia y de verdad».

La palabra de cualquier persona, es la manifestación hablada de esa persona, forma parte indisoluble de la persona, y eso concuerda con la palabra hebrea EJAD, una unidad indisoluble. En Juan 14:16 está escrito lo que dijo Yahshua que es lo siguiente: «Y yo le pediré al Padre y les dará otro CONSOLADOR [ayudador] para que esté con ustedes para siempre: el Espíritu de VERDAD, al cual el mundo no puede recibir, porque no le ve, ni le conoce; pero ustedes le conocen, porque vive en ustedes».

Hay un versículo en la Biblia, en el cual se basa la teoría de la «trinidad», y es Mateo 28:19 que dice: «Por tanto, id, y haced discípulos a todas las naciones, bautizándolos en el nombre del Padre, y del Hijo, y del Espíritu Santo». Este es el único versículo en toda la Escritura bíblica que conlleva a la creencia de la existencia de tres dioses, en vez de solo uno como anteriormente hemos visto. Además si Yeshua hubiera mandado bautizar en el nombre del Padre, del Hijo y del Espíritu Santo, los apóstoles Pedro y Pablo no hubieran violado ese mandamiento. Y esto lo vemos en Hechos 2:38, donde leemos: «Pedro les dijo: Arrepentíos y bautícese cada uno de vosotros en el nombre de Yeshua para perdón de los pecados; y recibiréis el don del Espíritu Santo». Cuando Pedro fue a casa de Cornelio, el apóstol mandó a que fuesen bautizados en el nombre de Yeshua: «Y mandó bautizarles en el nombre de [Yeshua]» Hechos 10:48. En Hechos 19:4-5 el apóstol Pablo dijo: «Juan bautizó con bautismo de arrepentimiento, diciendo al pueblo que creyesen en aquel que vendría después de él, esto es, en Yeshua el Mesías. Cuando oyeron esto, fueron bautizados en el nombre de Yeshua». También encontramos en Colosenses 3:17, que el apóstol Pablo dijo: «Y todo lo que hacéis, sea de palabra o de hecho, hacedlo todo en el nombre del Señor [Yeshua], dando gracias a Dios Padre por medio de él».

El Espíritu Santo no tiene nombre, porque es el Espíritu de Santidad del Padre y del Hijo. El Señor Yeshua dijo: «Toda potestad me es dada en el cielo y en la tierra» Mateo 28:18. Así que por esa potestad otorgada es que sin duda alguna la *tevilah* o bautizo debe ser solo en su nombre, como lo hicieron los apóstoles. Dijo el Señor: «Conocerán la verdad, y la verdad los hará libres» Juan 8:32.

Capítulo 16 ¿PRACTICA USTED LA MENTIRA?

LA primera referencia bíblica sobre algo que no sea verdad, es decir que sea mentira, la encontramos en Éxodo 20:16, donde el noveno mandamiento dice: «No hablarás contra tu prójimo falso testimonio». Por lo tanto, Dios estableció en su testimonio, como uno de sus mandamientos, no perjudicar al prójimo con algo que no sea verdadero.

Debemos tener en cuenta que todas las leyes, instrucciones y enseñanzas de Dios son importantes, pero los Diez Mandamientos, o el testimonio de Dios, escrito por su Espíritu Santo, viene a ser la constitución del Reino de los cielos para nosotros. De la misma manera que la constitución de cualquier país es la ley fundamental para sus ciudadanos; pero sabemos que la manera en que las personas que hayan establecido un compromiso con Dios, a través de Yeshua, respondan a los Diez Mandamientos, eso sin duda, determinará el ser inscritos o no en el libro de la vida. Es por ello que en Hebreos 5:8-9 dice que: «Yeshua fue constituido salvador para todos los que le obedecen».

Sabemos que muchos que dicen ser creyentes en Dios, y aun muchos de los que han establecido un compromiso con El, no se han librado de la mentira. En Levítico 19:11 está escrito: «No hurtaréis, y no engañaréis, ni mentiréis el uno al otro». En el Salmo 63:11b leemos: «Porque la boca de los que hablan mentira será cerrada». La primera mentira que se dijo en la tierra se la dijo Satanás a Eva cuando le dijo que no moriría si comía del fruto que Dios había prohibido; por lo que el primer mentiroso de la historia fue el diablo. Yeshua manifestó sobre él lo siguiente en Juan 8:44: «Él ha sido asesino desde el principio, y no ha permanecido en la verdad, porque no hay verdad en él. Cuando habla mentira expresa su propia naturaleza, porque es un mentiroso. ¡Es el padre de la mentira! Y, sin embargo, a mí que les digo la verdad, no me creen».

Entonces la pregunta que se impone aquí es la siguiente: Si Satanás es el padre de la mentira, ¿qué serán aquellos que dicen mentira con cierta regularidad? ¿no están manifestando la naturaleza de Satanás, por tanto, no serán como sus hijos? Yeshua también le llama al diablo o Satanás «el príncipe de este mundo» Juan 16:11. El príncipe del mundo de pecado, del mundo compuesto por todas esas personas que no quieren ARREPENTIRSE de su vida de pecado y volverse a Dios y a su palabra; por lo que su príncipe no es el Salvador, sino Satanás el diablo. Digan lo que diga, esto es lo bíblico. En 1 Juan 3:8 está escrito: «El que practica el pecado es del diablo; porque el diablo peca desde el principio. Para esto apareció el Hijo de Dios, para deshacer las obras del diablo».

Estimados lectores, en el mundo espiritual solo hay dos reinos: El Reino de los cielos de Dios el Padre y de nuestro Señor Jesucristo, Yeshua; y el reino de las tinieblas, liderado como ya hemos mostrado por el maligno, Satanás el diablo. Si usted no pertenece a uno, estará bajo la influencia del otro; y al respecto nuestro Señor añadió en Juan 8:42-44 : «Si vuestro padre fuese Dios, ciertamente me amaríais, porque yo de Dios he salido y he venido; pues no he venido de mí mismo, sino que él me envió. ¿Por qué no entendéis mi lenguaje? Porque no podéis escuchar mi palabra.»

De lo anterior no culpen a este servidor, pues no es de mi creación, todo está dicho por nuestro Señor y Rey Yeshua el Mesías, como se ha señalado. Esta es la verdad que en la actualidad muchos no quieren oír, como muchos no quisieron oír al Señor, al que muchas veces quisieron matar por decir la verdad, hasta que al fin lo lograron, pero permitido por Dios, por ser parte del plan de redención y salvación para la humanidad. En 1 Reyes 22:20-23, la palabra dice: Y el Señor dijo: ¿Quién inducirá a Acab, para que suba y caiga en Ramot de Galaad? Y salió un espíritu y se puso delante de Dios, y dijo: Yo le induciré. Y Dios le preguntó: ¿De qué manera? Él dijo: Yo saldré, y seré espíritu de mentira en boca de todos sus profetas. Entonces el Señor ordenó: Ve, pues, y hazlo así, que tendrás éxito en seducirlo. Y ahora, he aquí que el Señor ha puesto un espíritu mentiroso en la boca de todos los profetas de su majestad. El Señor ha decretado para usted la calamidad». Es decir, Dios mismo envió un espíritu mentiroso al rey Acab para que le fuesen dichas falsas profecías, y muriera en la guerra, como sucedió. Algo similar está haciendo Dios en estos tiempos, según lo escrito en 2 Tesalonicenses 2:8-12, donde leemos: «Y entonces se manifestará aquel inicuo, a quien el Señor matará con el espíritu de su boca, y destruirá con el resplandor de su venida; inicuo cuyo advenimiento es por obra de Satanás, con gran poder y señales y prodigios mentirosos, y con todo engaño de iniquidad para los que se pierden, por cuanto NO RECIBIERON

EL AMOR DE LA VERDAD PARA SER SALVOS. POR ESTO DIOS LES ENVÍA UN PODER ENGAÑOSO PARA QUE CREAN LA MENTIRA, A FIN DE QUE SEAN CONDENADOS TODOS LOS QUE NO CREYERON A LA VERDAD, SINO QUE SE COMPLACIERON EN LA INJUSTICIA».

Resumiendo podemos decir, que aquellos que se conforman con las falsas doctrinas, que no están escritas en la Biblia, o ser añadiduras a la santa palabra de Dios, las cuales son columnas de la apostasía, serán engañados y por tanto condenados, es lo que está escrito y hemos mostrado.

Por tanto, para todos los creyentes en el Dios Todopoderoso y en Jesucristo, el Mesías Yeshua, es de vital importancia que escudriñen y mediten en la palabra que han estado aprendiendo, pidiendo y clamándole a Dios en oración. Pida que les revele la verdad, que los haga libre de toda posible mentira acerca de la palabra de Dios; de toda doctrina y mandamiento de hombres; buscando sin cesar y de corazón la verdad; porque es la verdad la que nos hace libre del pecado y de la muerte, y nos dará la salvación y la vida eterna, donde no habrá ningún mentiroso, ni ninguna mentira.

Esas personas que hablan de «mentiritas piadosas», eso no existe, pues, mentira es mentira, grande o pequeña, y toda mentira es contraria a la verdad, y no se justifica aunque sea para una buena causa. Porque una buena causa lograda con una mentira ya deja de ser buena, porque se ha corrompido con la mentira que la posibilitó.

Así que estimados lectores, creyentes y hermanos, es necesario pagar el precio de la verdad, tenga el costo que tenga, porque la práctica fiel de la verdad nos dará la victoria, aun sobre la muerte si por ella nos tocara morir, porque el Señor dijo: «Yo soy la resurrección y la vida; el que cree en mí, aunque esté muerto vivirá» Juan 11: 25.

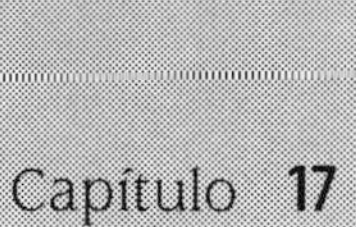

Capítulo 17 LAS CARACTERÍSTICAS MÁS POSITIVAS Y LAS MÁS NEGATIVAS DE UN CREYENTE EN EL MESÍAS

LA característica más negativa en los creyentes que se comprometen con Dios a través del Mesías es el orgullo. Muchas personas confunden el orgullo con la autoestima, pero se tiene orgullo cuando hay un exceso de autoestima. Orgullo es sobrevalorar las características personales, o los logros que se han alcanzado, lo que a su vez produce que las personas se sienten con superioridad sobre los demás.

Lamentablemente, se le ha dado una connotación «positiva» a la palabra orgullo, cuando se siente satisfacción por algo meritorio que se ha realizado, o que han alcanzado personas que se aman, o estiman, como cuando un padre le dice a un hijo: «estoy orgulloso de ti por los buenos resultados académicos en la escuela». Manejar la palabra orgullo de esa manera le va restando la parte negativa que ella representa en las características personales de alguien.

Entendemos que no es bueno que una palabra tenga un significado negativo y a su vez positivo, por cuanto eso produce una confusión, en especial a aquellos que han abrazado a Dios y a su palabra como la autoridad y la guía de sus vidas, debido a que el significado negativo va aumentándose hasta considerarse que el tener orgullo es una buena cualidad. Entonces, ¿qué dice el Todopoderoso al respecto? En Isaías 66:2 leemos: «...Miraré a aquel que es pobre y humilde de espíritu, y que tiembla a mi palabra».

La humildad es lo contrario al orgullo, y tiene como sinónimos: modestia, moderación, docilidad, recato, paciencia, sencillez, obediencia, sumisión. El orgullo tiene como sinónimos los siguientes: soberbia, altivez, endiosamiento, engreimiento, vanidad, arrogancia, pedantería.

La persona humilde de espíritu, es una persona sencilla que reconoce sus errores y defectos y no teme a reconocerlos ante otros, y trabaja en unión con Dios para erradicarlos. Pero los orgullosos tienden a pensar que están bien, que siempre tienen la razón, y por tanto quieren siempre imponer su criterio. Por ello entienden que no necesitan cambiar de opinión, de características personales, o estilo de vida. Quieren hacer las cosas a su manera. No admiten o son reacios a aceptar críticas, y por tanto no aceptan (al menos en su corazón) que los confronten, aun en amor. Esto se debe a que su orgullo les pone un velo que los hace pensar que ellos están bien y los demás son los que están equivocados.

La incredulidad espiritual es fruto del orgullo. El peor pecado es la incredulidad, porque ésta no le da paso al arrepentimiento, o a un arrepentimiento genuino que es del corazón. Es por ello que el enemigo, el diablo, utiliza a los orgullosos en las congregaciones del Señor Yeshua para sembrar discordia y provocar divisiones. En Habacuc 2:4 está escrito: «He aquí que aquel cuya alma no es recta, se enorgullece; mas el justo por su fe vivirá». Como vemos aquí el Eterno está diciendo, por intermedio del profeta, que el orgulloso no es justo, no tiene un corazón obediente a la palabra de Dios, y por tanto la relación que cree haber establecido con el Señor es VANA, sin fundamento.

Los orgullosos siempre quieren estar mostrando su sabiduría, menosprecian el conocimiento de los demás y desconocen o no aprecian lo que está escrito en Proverbios 1:7 que dice: «El principio de la sabiduría es el temor del Señor. Los insensatos desprecian la sabiduría y la enseñanza». En Santiago 4:6 leemos: «Dios resiste a los soberbios, y da gracia a los humildes». Nuestro Señor Yeshua dijo lo que vemos en Mateo 5:3: «Dichosos los pobres en espíritu, porque el reino de los cielos les pertenece». El orgullo es como el mal aliento, el último que se entera es el que lo padece. Es como un virus que ha estado en el corazón de las personas o va entrando allí y lo contamina. Verdaderamente es algo difícil de extirpar. Personalmente este servidor padeció de ese mal del orgullo, pero habiéndolo detectado después de establecer una relación con nuestro Señor ha sido parte de mi oración al Padre celestial pedirle su ayuda para eliminar el orgullo y aprender a ser manso y humilde de corazón, como nos pide nuestro Señor que seamos.

También debemos tener en cuenta que el conocimiento envanece (1 Corintios 8:1), por lo que al adquirir conocimiento, debemos mantenernos siempre vigilantes para no permitir la entrada a nosotros del virus del orgullo. Pablo escribió en Romanos 12:3: «Digo, pues, por la gracia que me es dada, a cada cual que está entre vosotros, que no tenga más alto concepto de sí que el que debe tener, sino que piense de sí con cordura, conforme a la medida de fe que Dios repartió a cada uno».

Otra de las características más negativas de un creyente es la falta de perdón, lo que todo hijo del Altísimo debe eliminar por completo; sin que queden vestigios de ese mal, porque ¿cuántas cosas y por cuánto tiempo Dios nos ha perdonado? Hemos cometido un sin fin de pecados y el Señor nos perdona, aunque se hace necesario que se llegue a tener la firme determinación de ir desarraigando todo hábito pecaminoso que aún permanezca en el creyente comprometido con el Señor. En Mateo 6:14-15 leemos: «Porque si perdonan a otros sus ofensas, también los perdonará a ustedes su Padre celestial. Pero si no perdonan a otros sus ofensas, tampoco el Padre les perdonará a ustedes las suyas». Ni siquiera se debe tener resentimiento contra alguien, que es un sentimiento de hostilidad hacia una persona que le ha causado al resentido disgusto por alguna acción incorrecta del ofensor.

Hay que perdonarlo todo, y a todos. Nuestro Señor dándonos un gran ejemplo sobre el perdón, estando crucificado y habiendo sido martirizado en gran manera dijo: «Padre, perdónalos, porque no saben lo que hacen» Lucas 23:34. En otra ocasión, nuestro Señor haciendo una correcta interpretación de la palabra del Eterno dijo: «AMEN A SUS ENEMIGOS, Y OREN POR QUIENES LOS PERSIGUEN, PARA QUE SEAN HIJOS DE SU PADRE QUE ESTÁ EN EL CIELO». Aquí vemos cómo el Señor también manifiesta que una condición para ser considerados hijos de Dios es llegar a tener un nivel tal de perdón que se ame a los enemigos» (Mateo 5: 43-45).

El apóstol Pedro le preguntó al Señor: ¿Señor, cuántas veces perdonaré a mi hermano que peque contra mí? ¿Hasta siete veces? Y el Señor le respondió: Hasta setenta veces siete». Hay muchos creyentes que padecen una enfermedad incurable, o un padecimiento difícil y han solicitado oración para que Dios sane esa dolencia, acudiendo a diferentes iglesias y predicadores para ser sanados, y Dios no concede el milagro. Eso en muchos casos no es por falta de fe, sino por falta de perdón. Al no haber perdonado de corazón a alguien, Dios no concede el perdón, porque sanar a un enfermo es perdonarlo, pues las enfermedades en muchos casos son producto de los pecados. El Señor se encontró en el templo con uno que había sanado y le dijo: «Mira has sido sanado; no peques más, para que no te venga una cosa peor» Juan 5:14.

La ira es otra característica que en todo creyente en Cristo debe deshacerse. Es causante de discordias y contiendas de todo tipo, y es lo contrario a la mansedumbre que es ser suave, benigno, dulce, amable, apacible. Recordemos que el Señor nos pide ser mansos, y en Mateo 5:5 leemos: «Dichosos los mansos, porque ellos recibirán la tierra por heredad».

La impaciencia es otra característica muy negativa en un creyente, por cuanto es lo contrario a la paciencia que es un fruto del Espíritu (Gálatas 5:22). La impaciencia lleva a cometer errores de diversa índole, tanto a los creyentes como a los inconfesos, pues se toman decisiones apresuradas que después nos causan consecuencias negativas. En el caso de los creyentes comprometidos, la impaciencia debe irse eliminando, a lo cual ayuda la oración, que a su vez, produce la comunión con el Espíritu de Dios, quien es el que nos ayuda a adquirir esa cualidad.

El creyente en muchos casos necesita esperar en Dios y no adelantarse a las cosas que dependen del Padre, por lo que hay que orar y meditar bien en todo lo que se necesita resolver en la vida; a fin de determinar qué parte le corresponde al creyente y cuáles dependen de Dios. Por ejemplo Dios puede conceder un empleo que se le esté pidiendo, pero el creyente debe hacer las gestiones que le correspondan. Ahora si usted está pidiendo una esposa, esté seguro que la que usted cree, es la que Dios tiene para usted. Una mala decisión en esto puede causarle graves trastornos y un matrimonio infeliz. El Señor nos dice lo que vemos en Lucas 21:19: «Con vuestra paciencia ganaréis vuestras almas». Y en 2 Samuel 22:31: «En cuanto a Dios, perfecto es su camino, y acrisolada la palabra del Señor. ESCUDO ES A TODOS LOS QUE EN ÉL ESPERAN».

Capítulo 18 ACLARACIONES SOBRE EL NACIMIENTO, LA MUERTE Y LA RESURRECCIÓN DEL MESÍAS

ESTÁ escrito en Mateo 12:40, lo siguiente: «Porque como estuvo Jonás en el vientre de gran pez tres días y tres noches, así estará el Hijo del hombre en el corazón de la tierra TRES DIAS Y TRES NOCHES». Sabemos que esos tres días y tres noches son completos, y por tanto suman setenta y dos horas. También sabemos, o los que no lo saben, Dios es completamente exacto en lo que dice. Por tanto, queda descartado lo que la tradición plantea, de que el Señor murió un viernes y resucitó un domingo, porque de viernes a domingo hay solo dos días que suman cuarenta y ocho horas.

Por otra parte, en Marcos 15:34 leemos: «Y a la hora novena [tres de la tarde] clamó y dijo: Dios mío ¿por qué me has desamparado?». Y en el versículo 37 dice: «Entonces Jesús lanzando un fuerte grito expiró». Vemos claramente que si Yeshua murió a las 3 de la tarde, al siguiente día a las 3 serían 24 horas, al otro día a la misma hora serían 48 horas y al tercer día a las 3 de la tarde serían las 72 horas, o los tres días y tres noches que dijo que estaría en el corazón de la tierra. Tanto en Marcos 16:2, como en Lucas 24:1, está escrito que el primer día de la semana (domingo), los discípulos fueron al sepulcro temprano en la mañana, y ya no hallaron al Señor. Por lo tanto, si a las 3 de la tarde se cumplían los tres días y las tres noches de su muerte, entonces la resurrección, sin duda alguna, ocurrió el día anterior a las 3 de la tarde, es decir el sábado; día del cual Jesucristo es el Señor como él mismo dijo, y es una festividad bíblica. Por lo que Yeshua murió un miércoles a las 3 de la tarde y resucitó el sábado o shabat, día de reposo, a las 3 de la tarde. Esta es la verdad comprobada en la palabra de Dios.

Estimados lectores, les mostraré cómo una coma puede cambiar la comprensión de un escrito. En Marcos 16:9 dice: «Habiendo, pues, resucitado Jesús» (aquí falta una coma en las versiones de Reina-Valera) y que al no ponerse, al parecer dice: «Habiendo, pues, resucitado Jesús por la mañana...» Fue por eso que el Señor dijo en Mateo 5:18: «Porque de cierto os digo que hasta que pasen el cielo y la tierra, ni una jota ni una tilde pasará de la ley, hasta que todo se haya cumplido».

Sobre el nacimiento del Señor también la palabra fue torcida por la tradición, porque el Salvador no nació un 25 de diciembre. Prueba de ello es que los pastores que fueron avisados por un ángel de que les había nacido un Salvador estaban pastoreando sus ovejas; y nunca pueden hacer eso después de octubre por el invierno. Por otra parte la Biblia no indica la fecha de nacimiento del Señor, sin embargo, varias religiones y la mayoría de las denominaciones cristianas celebran el 25 de diciembre como su natalicio, cuando Dios ni siquiera instruye a celebrar el nacimiento del Señor, sino hacer memoria de su muerte a través de la festividad de la Pascua, llamada en hebreo *Pesaj*.

Los apóstoles y seguidores del Mesías del primer siglo nunca celebraron su nacimiento. Por haber nacido Juan el bautista seis meses antes de Yeshua, en el marco de la pascua, sabemos que el Mesías nació entre septiembre y octubre; y se plantea que fue el 15 de tisri, que es el primer día de la fiesta bíblica de las Cabañas o Tabernáculos, en hebreo Sucot. El Rey de reyes y Señor de señores, tampoco nació en un establo con animales. Él nació en una suca, que es una cabaña que se confecciona para celebrar la festividad de los Tabernáculos durante siete días, como está instruido en la Biblia. María (Mirian en hebreo) y José eran creyentes obedientes a la ley de Moisés, o ley de Dios, y de ninguna manera dejarían de celebrar esa fiesta, en la que hubo una gran celebración adicional que era el nacimiento del Salvador.

Sobre los llamados «reyes magos» que fueron a adorar al Señor; podemos decir que no eran ni reyes, ni magos. De hecho la magia está condenada en la Biblia, lo que podemos ver en Deuteronomio 18:10, donde dice que la magia es una abominación para nuestro Padre celestial, y eso significa que es algo detestable. Otra referencia sobre un mago está en Hechos 13:6-11, quien era un falso profeta que pretendió entorpecer la prédica de Pablo.

Los visitantes que le llevaron regalos al Señor eran sabios que conocían de astronomía, que habían sido guiados por una estrella hasta la cabaña donde nació el Señor. Observen que en Mateo 2:11 dice: «Y al entrar en la CASA, vieron al niño con su madre María, y postrándose, lo adoraron...». Entonces vemos que los sabios entraron en una casa, no en un establo;

otra de las «creaciones» de la tradición. Hay fuentes que dicen que esos sabios eran judíos que habitaban en el oriente.

Amados lectores, las adulteraciones de la palabra de nuestro Dios obligan a escudriñar la Biblia, como nos mandó nuestro Señor Yeshua, escrito en Juan 5:39; sobre la que hay una cierta cantidad de cosas torcidas, como las que aquí hemos mostrado.

Capítulo 19 LA VERDAD DE LO QUE DIJO EL APÓSTOL PABLO SOBRE LA LEY

SOBRE el apóstol Pablo, el apóstol Pedro escribió en 2 Pedro 3:15-16 lo siguiente: «Y tened entendido que la paciencia de nuestro Señor es para salvación; como también nuestro amado hermano Pablo, según la sabiduría que le ha sido dada, os ha escrito, casi en todas sus epístolas, hablando en ellas de estas cosas; entre las cuales hay algunas difíciles de entender, las cuales los INDOCTOS e INCONSTANTES TUERCEN, como también las otras Escrituras, para su propia perdición». La palabra INDOCTO significa: falto de instrucción. Si el apóstol Pedro dijo que Pablo escribió algunas cosas DIFÍCILES DE ENTENDER, se hace imprescindible escudriñar bien esas cosas, porque si para Pedro eran «difíciles de entender»; ¿qué será para los demás?

En 2 Timoteo 3:16, Pablo escribió: «Toda la Escritura es inspirada por Dios...». Entonces si Dios inspiró toda la Escritura, en la que incluimos al Nuevo Testamento, y por tanto a las cartas de Pablo, podemos decir que toda la Biblia debe ser armónica, y sin contradicciones. Ahora, las aparentes contradicciones que vemos en las cartas de Pablo ¿no debieran conducirnos a cuestionarnos eso, y a buscar una explicación que elimine esas aparentes contradicciones? Vemos cosas como las siguientes: Por un lado Pablo dice en Romanos 2:13 «Porque no son los oidores de la LEY los justos ante Dios, sino los HACEDORES de la LEY serán justificados». Es decir, está claro que aquí Pablo dice que los que hacen la ley serán los que se salvarán; al menos los que luchen por ser obedientes.

Por otra parte, leemos en Romanos 3:20 «...ya que por las obras de la ley ningún ser humano será justificado». En Romanos 3:31 dice: «¿Luego por la fe invalidamos la ley? En ninguna manera, sino que confirmamos la ley». En Romanos 10:4: «porque el fin de la ley es Cristo, para justicia a todo aquel que cree». Por otra parte, dice en Romanos 7:12: «De manera que la ley a la verdad es santa, y el mandamiento es santo, justo y bueno».

En Romanos 6:14 leemos: «Porque el pecado no se enseñoreará de vosotros; pues no estáis bajo la ley, sino bajo la gracia». E inmediatamente dice en el versículo 15: «¿Qué pues? ¿Pecaremos, porque no estamos bajo la ley; sino bajo la gracia? En ninguna manera». ¿Cuál es la única definición de pecado que está en la Biblia y que ya hemos visto en 1 Juan 3:4? «Todo aquel que comete pecado, infringe también la ley; porque el PECADO es infracción de la ley» ¿De qué ley? De la de Dios, o ley de Moisés, escrita en los cinco primeros libros de la Biblia, Pentateuco, o Torah en hebreo.

En Gálatas 3:13, Pablo escribió: «Cristo nos redimió de la maldición de la ley, hecho por nosotros maldición...». Y en Romanos 13:10 escribió: «El amor no hace mal al prójimo; así que el cumplimiento de la ley es el amor». Para cualquiera que comience a estudiar las cartas de Pablo, incluso para alguien que tenga cierto conocimiento de esas cartas, se percata que en los versículos anteriormente citados hay aparentes contradicciones. Al parecer Pablo a veces habla bien de la ley, y a veces habla en contra. Pero si Dios es perfecto en todos sus caminos, y si Dios inspiró y guió toda la Escritura bíblica, ¿cómo pueden ser posible esas aparentes contradicciones? Solo se necesita verdaderos deseos de llegar a la verdad. Pablo habló de tres tipos de leyes:

1. La ley de Dios.

2. Las obras de la ley, leyes rabínicas o Torah oral.

3. La ley del pecado.

La ley de Dios fue traducida de la palabra hebrea torah; pero es la torah escrita por Moisés y que está contenida en el Pentateuco o cinco primeros libros de la Biblia.

Debemos tener en cuenta que en el judaísmo hay una torah oral, que son las leyes creadas por los rabinos, que inicialmente fueron para proteger a la torah o ley de Dios. Pero se hicieron demasiadas, y algunas de ellas invalidan la torah escrita de Dios, que era por lo que el Mesías contendía con ellos, pues el Señor nunca violó una ley de Dios, porque de lo contrario no hubiera podido ser el Redentor y Salvador.

Entonces podemos decir que la torah oral y las obras de la ley son lo mismo. Anteriormente la teología cristiana planteaba que las «obras de la ley» eran la ley de Dios, lo que conllevó a reforzar la doctrina de que ya no había que andar según la ley de Dios. Pero no fue hasta que fueron publicados los contenidos de los manuscritos del mar Muerto o rollos de Qumrán, en el 1994, que se supo lo que realmente Pablo quería decir con las «Obras de la ley», porque allí viene precisamente un manuscrito que se titula de esa manera. Antes de eso nadie podía saber a qué se refería Pablo en sus escritos al decir «Obras de la Ley». El significado de eso fue conocido en la «Revista de arqueología bíblica» que se publica en New York, en su edición de noviembre-diciembre de 1994. Así que nuestro Dios mantuvo guardado esos manuscritos hasta los tiempos del fin; y curiosamente fueron descubiertos en el mismo año en que se fundó el Estado de Israel, en 1948.

Cuando en Romanos 10:4 Pablo escribió que: «El fin de la ley es Cristo», ese fin no es de final, sino de finalidad, de objetivo o propósito; así que en ese versículo podemos leer que: «el propósito de la ley de Dios, es llevarnos al Mesías». Cuando en Romanos 6:14 dice que «no estamos bajo la ley, sino bajo la gracia». Si se lee todo el capitulo 6, se percatarán que Pablo habla del pecado, que ya no estamos bajo la ley del pecado que habita en nuestra carne y que nos hacía sus esclavos. Por tanto, malditos y condenados; porque al recibir la gracia de Dios, que es un favor inmerecido, un regalo a través del sacrificio del Mesías; las personas mientras viven pueden arrepentirse de sus pecados, recibir la gracia, y entrar al camino de la Salvación.

En Gálatas 3:10, está escrito: «Porque todos los que dependen de las obras de la ley están bajo maldición, pues escrito está: Maldito todo aquel que no permaneciere en todas las cosas escritas en el libro de la ley, para hacerlas». ¿Cuál es el libro de la ley de Dios? La Biblia, que contiene la Torah, los mandamientos, leyes y todas las instrucciones de Dios. En otras palabras, Pablo está diciendo que el que dependa de las obras de los hombres, está bajo maldición; y el que no permanezca en la ley de Dios también es maldito, eso es lo que está escrito.

Cuando el autor de Hebreos escribió: «Porque cambiado el sacerdocio, necesario es que haya también cambio de ley...» (Hebreos 7:12). Se está refiriendo a la ley sacerdotal, que contenía las leyes concernientes a los sacrificios para la expiación o perdón de los pecados, debido a que Yeshua fue el último y definitivo sacrificio a tales efectos.

Sobre su ministerio Pablo dijo en Hechos 24:14: «Pero esto te confieso, que según el Camino que ellos llaman herejía, así sirvo al Dios de mis padres, creyendo en TODAS LAS COSAS QUE EN LA LEY Y EN LOS PROFETAS ESTÁN ESCRITAS». Hechos 25:8: «Alegando Pablo en su defensa: Ni contra la ley de los judíos, ni contra el templo, ni contra Cesar he pecado en nada». La ley de los judíos o judaísmo, además de la ley de Dios o Torah escrita por Moisés, tienen las tradiciones y ley oral, creadas por los rabinos de las diferentes épocas. En Hechos 26:22 Pablo manifiesta lo siguiente: «Pero habiendo obtenido auxilio de Dios, persevero hasta el día de hoy, dando testimonio a pequeños y a grandes, no diciendo nada fuera de las cosas que los profetas y Moisés dijeron que había de suceder».

Después de analizar lo anterior, ¿se podrá decir que el apóstol Pablo, al menos sugirió algo contra la ley de Dios y del Señor Jesucristo su Mesías? Quedan muchas cosas por analizar de las cartas de Pablo, pero con lo que se ha mostrado, considero que ha sido suficiente para que salgan a la luz las verdades claves contenidas en ellas; y que se hayan desenmascarado las falsas doctrinas sobre la ley de nuestro Dios y Padre Eterno, y de nuestro Redentor y Salvador Yeshua el Mesías.

Toca a todos los que se percaten de esta verdad, continuar escudriñando para que conozcan la mala interpretación que la teología cristiana le ha dado a las cartas del apóstol Pablo. Muchos no querrán aceptar esto, pero la verdad finalmente se impondrá, al menos en aquellos que salgan de la comodidad espiritual, y le abran el corazón al AMOR DE LA VERDAD.

Capítulo 20 LAS FIESTAS BÍBLICAS, ¿SON DE LOS JUDÍOS O DE DIOS?

EN Levítico 23:1-2 leemos: «Habló el Señor a Moisés diciendo: Las fiestas solemnes del Señor, las cuales proclamaréis como santas convocaciones...». Observen cómo el Señor dice que esas santas convocaciones son de él. En el versículo 4 vuelve a repetir: «Estas son las fiestas del Señor, las convocaciones santas, a las cuales convocaréis en sus tiempos» o en sus fechas. ¿Queda claro aquí que las fiestas no son de los judíos, que son de Dios, y él manda a realizarlas a su pueblo? ¿Es usted parte de su pueblo?

En Génesis 1:14 leemos: «Dijo luego Dios: Haya lumbreras en la expansión de los cielos para separar el día de la noche; y sirvan de SEÑALES para las ESTACIONES, para días y años...». La palabra estación en el hebreo es la palabra hebrea MOED, la cual la encontramos en el Strong H-4150, y significa: festival, asamblea que se reúne con un propósito, congregación, sinagoga, estación, fiesta, señal, ocasión, solemnidad. Entonces la luna y el sol fueron creados para que por ellos tuviéramos señales, para que la congregación de Dios se reúna y realice fiesta solemne, la cual anuncia proféticamente un evento que Dios realizará. Es decir, por la luna y el sol conocemos con exactitud el calendario de Dios, es cómo Dios reconoce el tiempo. Entre los gentiles se había dejado de reconocer ese tiempo, al dejar de realizarse las festividades bíblicas.

Las fiestas que Dios instruye hacer en el capítulo 23 de Levítico son 7, además del día de reposo o shabat semanal. De esas siete fiestas, tres son en primavera, una en verano y tres en otoño. Las fiestas de primavera comienzan el 14 de Abib, que fue como Dios dijo que se llamaría al primer mes del año, Abib (Éxodo 12:2). El calendario bíblico es fundamentalmente lunar; pero el que rige en el mundo es solar, creado por el hombre. Así que las fiestas de primavera en el calendario solar son entre los meses de marzo y abril. La fiesta del verano es entre mayo y junio, y en el calendario hebreo es el 6 de Sivan. Las fiestas de otoño son entre los meses de septiembre y octubre, y en el calendario hebreo son el primero, el diez y el quince de tisrei, séptimo mes.

APLICACIÓN HISTÓRICA DE LAS FIESTAS

1. Pascua, en hebreo Pesaj.
   Liberación de Israel de la esclavitud de Egipto.
   Éxodo 12:30-31

2. Panes sin levadura, en hebreo Hamatzah.
   Salida de Egipto. Éxodo 12:37

3. Primicias, en hebreo Bikurin.
   Cruce del mar Rojo. Éxodo 14:21-22

4. Pentecostés, en hebreo shavuot, o fiesta de las Semanas.
   Entrega de los mandamientos y leyes a Israel.
   Éxodo capítulos 19 y 20.

5. Día de Trompetas, en hebreo Yom Terua.
   Llamado de Dios mediante trompetas,
   en hebreo Shofar, para adoración. Levítico 23:24-25

6. Día del perdón, en hebreo Yom Kipur.
   Día en que Dios expiaba los pecados a Israel.
   Levítico 23: 27-32

7. Cabañas o tabernáculos, en hebreo Yom Sukot.
   Recuerda el vivir en tiendas en el desierto durante cuarenta años.
   Levítico 23: 34-36

APLICACION MESIÁNICA DE LAS FIESTAS

1. Pascua (Pesaj). Muerte de Yeshua, sellando con
   su sangre el Nuevo Pacto. Victoria sobre el
   pecado, la muerte y Satanás. Mateo 26:27-28

2. Panes sin levadura (Hamatza) Sepultura de
   Yeshua. Marcos 15:42-46

3. Primicias (Bikurin). Resurrección de Yeshua;
   primero para vida eterna. Se completa la victoria

sobre el pecado, y se concreta la justificación a los justos. Lucas 24: 1 y 3; y 45-46

4. Pentecostés (Shavuot). Derramamiento del Espíritu Santo, o Ruaj HaKodesh. Hechos 2: 1-4

5. Las Trompetas (Yom Terua). Aparición del Señor en el cielo, resurrección de los muertos y arrebatamiento de los vivos. Mateo 24:30-31

6. Día del perdón (Yom Kipur). Serán juzgados los escogidos y se consumará el perdón. Serán otorgados galardones. Apocalipsis 20:4

7. Las cabañas (Yom Sukot) Bodas del Cordero y comienzo del Milenio Mesiánico, y de reposo, o Gran Shabat. Apocalipsis 19:6-9

Todas las fiestas son proféticas. Las cuatro primeras fiestas ya fueron cumplidas por el Señor en su primera venida, y las tres últimas serán cumplidas en su segunda y última venida. Ahora, si las fiestas del Eterno son un anuncio profético de su Plan de Redención y nos manda a ensayar lo que el Mesías ya hizo, y lo que hará, ¿por qué el cristianismo no las realiza? Porque también la teología al separar al cristianismo del pueblo de Israel, excluyó a las festividades de Dios como algo que solo era para los judíos, lo cual es una gran falsedad. Como también lo es que el cristianismo no forma parte del pueblo de Dios, que es Israel, cuando el Nuevo Pacto que es para la salvación, solo se hace con la Casa de Judá y con la Casa de Israel. No hay pactos con gentiles, porque cuando los gentiles adoptan el Nuevo Pacto, automáticamente entran a formar parte del pueblo de Israel.

Los más grandes eventos de la humanidad se han realizado en una fiesta bíblica, como ya lo hemos mostrado. Y los que faltan también se realizarán en estas fiestas, porque el Señor vendrá en la fiesta de las trompetas. Entonces, la pregunta que corresponde es: ¿arrebatará el Señor a los que no estén realizando esa fiesta? Los invito a meditar en eso. Agrego que el Espíritu de Dios se derramó en medio de la fiesta de las Semanas, o shavuot, también conocida como Pentecostés.

Los discípulos del Señor y sus seguidores del primer siglo cumplían con las fiestas. En Hechos 18:21 leemos lo que Pablo le dijo a sus discípulos: «Es necesario que en TODO CASO yo guarde en Jerusalén la fiesta que viene...». En Colosenses 2:16-17, Pablo escribió: «Por tanto, nadie os juzgue por comida o bebida, o en cuanto días de fiesta, luna nueva o días de reposo, todo lo cual es sombra de lo que ha de venir; pero el cuerpo es del Mesías». Las fiestas que se realizarían han sido ensayos, anuncios o sombras de lo que el Mesías realizaría posteriormente, pero él mismo las cumpliría. Sin embargo, la teología cristiana ha interpretado al revés esto, como ya hemos dicho.

Pablo confirma la vigencia de las fiestas del Señor en 1 Corintios 5:8: «Así que celebremos la fiesta, no con la vieja levadura [pecado e hipocresía] ni con levadura de malicia y de maldad, sino con panes sin levadura, de sinceridad y de verdad». Escribió Pablo con «panes sin levadura», igual que en la fiesta de Pascua que se comen panes sin levadura, que simboliza al Señor, que no tuvo pecado, y siempre habló con toda claridad, sin hipocresía.

Elohim, Dios, dice claramente que estas fiestas son estatuto perpetuo por todas las generaciones, donde quiera que se viva. Esto lo podemos ver en: Levítico 23: 14, 21, 31 y 41. Éxodo 12: 14 y 17. ¿Aun cree usted que las fiestas o santas convocaciones bíblicas son solo para los judíos, o para todos los creyentes en el Dios de Israel y del Universo, y en Jesucristo, Yeshua el Mesías? La Biblia es una para todos los creyentes, no hay una para judíos y otra para los que no lo son. Si acepta eso, sin duda hará suya toda la Biblia.

Capítulo 21 EL MISTERIO DE LAS DOS CASAS DE ISRAEL

CUANDO el reinado de Salomón en Israel, Dios había prosperado a Salomón por dos razones: por amor a su padre David, y porque cuando el asume el trono tenía solo doce años de edad. Un día al preguntarle Dios qué quería que le diera, Salomón solo le pidió «un corazón entendido (sabiduría) para juzgar al pueblo, y para discernir entre lo bueno y lo malo». Además de sabiduría, Dios le dijo que le daría riquezas y gloria, de tal manera que no habría otro como él (1 Reyes 3).

Pero Salomón tuvo exceso de mujeres, muchas de ellas extranjeras, cosa prohibida en la ley. Esas mujeres practicaron la idolatría, cuestión que permitió Salomón, lo cual disgustó a Dios en gran manera, de forma tal que le dijo a Salomón, que por no haber guardado su pacto, y los estatutos que él le mandó, rompería su reino, y le entregaría parte del mismo a su siervo Jeroboan, pero lo haría cuando su hijo Roboan reinara, por amor a David (1 Reyes 11:9-13). Así que al morir Salomón, y comenzar a reinar Roboan, las tribus del norte se rebelan contra él, por causa de los duros impuestos al pueblo, y diez de las tribus se separan de Roboan, nombran a Jeroboan como rey, a lo cual se le llamó: la Casa de Israel. Entonces Dios le deja a Roboan dos tribus: Judá y Benjamín.

Jeroboan decide evitar que las tribus bajo su mando acudieran a Jerusalén para celebrar las festividades, o a adorar, por temor a que se fuesen quedando con Roboan, y crea lugares de adoración con ídolos en el territorio de sus tribus, con lo cual comete un grave pecado. Cuando sucede la separación de las diez tribus, Roboan iba a preparar el ejército para hacerle la guerra a Jeroboan y unir nuevamente a todas las tribus, pero el propio Dios a través del profeta Semaías le dijo a Roboan: «No vayáis , ni peleéis contra vuestros hermanos los hijos de Israel, porque esto LO HE HECHO YO. Y el pueblo que había oído, se volvió y todos se fueron conforme a la palabra del Señor» 1 Reyes 12:24.

Así que a consecuencia de los pecados de Salomón, Dios decreta la división del reino de Israel. Y por la idolatría de las diez tribus adorando a becerros que habían hecho, y poner Jeroboan sacerdotes que no eran levitas, Dios decreta la destrucción del reino de las Diez Tribus. Esto se realiza cuando el imperio Asirio las invade, y son vencidas por éste, el que se lleva para otros territorios a muchos miembros de esas tribus y trae a extranjeros a morar en los que eran sus territorios. ¿Qué fue lo que Dios propició con esa dispersión de la Casa de Israel conformada por las diez tribus?

Dios comienza a cumplir lo que le había prometido y pactado con Abraham, que aparece en Génesis 17:4, 6 y 7, donde leemos: «He aquí mi pacto es contigo, y serás padre de muchedumbre de gentes. Y te multiplicaré en gran manera, y haré naciones de ti, y reyes saldrán de ti. Y estableceré mi pacto entre mí y ti, y tu descendencia después de ti en sus generaciones, por PACTO PERPETUO, para ser tu Dios, y el de tu descendencia después de ti». Entonces Dios utiliza las consecuencias de pecado de Salomón para comenzar a sembrar la descendencia de Abraham por todos lados.

Cuando el Señor se le presenta a Pablo en el camino a Damasco, donde iba a apresar a sus seguidores, y producto de ese encuentro Pablo queda ciego, y lo llevan para una casa que se le indicó. El Señor llama a un discípulo llamado Ananías para que fuese a orar por Pablo y le dice: «Ve, porque instrumento escogido me es éste, para llevar mi nombre en presencia de los gentiles, y de reyes, y de los hijos de Israel». Si Pablo fue enviado a los gentiles, ¿por qué el Señor dice que lo enviaría a los hijos de Israel? La Y en griego es la partícula de conexión Te, que significa también o ambos, y eso lo vemos en la concordancia Strong en la parte griega con el numero 5037. Así que lo que le dijo el Señor a Ananías, y que vemos en Hechos 9:5 fue: «Ve, porque instrumento escogido me es éste, para llevar mi nombre en presencia de los gentiles, también de reyes, AMBOS de los hijos de Israel». ¿Donde vimos esto por primera vez? En Génesis 17:6, donde Dios le dijo a Abraham: «Y te multiplicaré en gran manera, y haré naciones [gentiles] de ti, y reyes saldrán de ti». Entonces es evidente que el Señor estaba hablando de los hijos de Israel, que es el linaje de Abraham, por la descendencia de Isaac; en especial de las Diez tribus que se habían mezclado con otras naciones y se habían gentilizado.

Lo anterior es la misma razón por la que Pablo escribió en Gálatas 3:29 «Y si vosotros sois de Cristo, ciertamente LINAJE de Abraham sois, y herederos según la promesa». Esta promesa es la que Dios le hizo a Abraham de que su descendencia heredaría la tierra prometida. La palabra LINAJE es griega, y significa: esperma, semilla, simiente, descendencia biológica. Así que no solo es descendencia espiritual, sino considerada también como biológica. Eso se puede ver en la concordancia Strong, en el G-4690. Por lo tanto, si usted está en Cristo, es descendencia biológica de Abraham. Y aunque no sea de la descendencia de Abraham por el linaje de Isaac y Jacob, si está en el Mesías, es linaje de Abraham, aunque primero sean llamados los descendientes de Isaac y Jacob. Porque cuando Yeshua envió a sus doce discípulos a predicar el evangelio, les dijo: «Por camino de gentiles no vayáis, y en ciudades de samaritanos no entréis, sino id antes a las ovejas perdidas de la Casa de Israel» Mateo 10:5-6. ¿Por qué el Señor dijo eso? Porque el sabía que los gentiles que se convierten a él, son descendientes biológicos de Abraham. Pero a los primeros que se debían llamar era a los descendientes de Abraham por la línea de Isaac y Jacob, que es la línea de la promesa a Abraham, y pertenecientes a la Casa de Israel; y algunos de la Casa de Judá, a los que se unirían después los demás gentiles, como la mujer griega, y sirofenicia de nación, que le rogó que sanara a su hija, y a la que le dijo: «No he sido enviado sino a las ovejas perdidas de la Casa de Israel»; pero cuando el Señor comprobó su fe, le concedió la sanidad de su hija. Marcos 7:25-29.

Fue también por lo anterior que Pablo escribió en Romanos 1:16: «Porque no me avergüenzo del evangelio, porque es poder de Dios para salvación a todo aquel que cree; AL JUDÍO PRIMERAMENTE, Y TAMBIÉN AL GRIEGO». En Efesios 2:11-14, Pablo escribió a los ex gentiles efesios: «Antes ustedes estaban sin Cristo, alejados de la CIUDADANÍA DE ISRAEL y ajenos a los pactos de la promesa. Pero ahora en Cristo, vosotros que en otro tiempo estaban lejos, han sido hechos cercanos por la sangre de Cristo». Así que, ¿a qué fueron acercados los gentiles por la sangre de Cristo? A la ciudadanía de Israel y a los pactos, a los que estaban lejos por haberse gentilizado; porque gentil es la palabra hebrea goyin, que significa gentes de las naciones, sin los pactos con Dios, y sin el Mesías. Así que cualquier creyente en Cristo que diga que sigue siendo gentil, entonces no está en Cristo; tampoco en el Nuevo Pacto que es para la salvación, y no es parte del pueblo de Dios, Israel.

Pablo en su comparecencia ante el rey Agripa dijo: «Y ahora por la esperanza de la promesa que hizo Dios a nuestros padres (Abraham, Isaac y Jacob) soy llamado a juicio; promesa cuyo cumplimiento esperan que han de alcanzar nuestras doce tribus...».

Estimados hermanos cristianos y lectores en general, Israel está constituido por dos pueblos: la Casa de Judá, y la Casa de Israel, que son los israelitas que se mezclaron con las naciones, y que son los llamados gentiles. Es por ello que Pablo dice que a él, y a los apóstoles, les fue revelado un misterio escondido a otras generaciones, que LOS GENTILES SON COHEREDEROS Y MIEMBROS DEL MISMO CUERPO, ¿cuál es el cuerpo del Señor? Su pueblo constituido por judíos y gentiles, descendientes biológicos de Abraham, Isaac y Jacob, y los que se se hagan parte de ese pueblo haciendo suyo el pacto. Y todos constituyen la Casa de Israel o Casa de Efraín, que está regresando a su herencia espiritual, y que también obtendrá la herencia material, la tierra de Israel.

Pablo escribió en Romanos 11:17-18, que los gentiles que éramos ramas del olivo silvestre, fuimos injertados en el OLIVO NATURAL, es decir en el pueblo de Israel, cuya sabia es la palabra del Dios Eterno, y cuya raíz es el Mesías. Entonces la Casa de Israel está entre los cristianos; ese es el misterio que ya se está dando a conocer, por estar en los tiempos finales, muy próximos a la venida de nuestro Señor Yeshua HaMashiaj, Jesús el Mesías.

Hermano cristiano, ¿cómo cambiará su sentir por el pueblo de Israel, la tierra de Israel y el Estado de Israel, si usted interioriza que es considerado como descendiente por sangre de Abraham, y por tanto, del pueblo de Israel, sea por la línea de Isaac o no? De hecho, usted tendrá bien definida su identidad, porque se sentirá miembro pleno del único pueblo de Dios y de su Mesías, el pueblo de Israel.

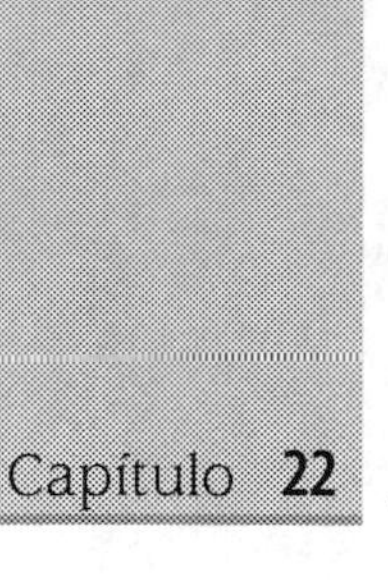

Capítulo 22 ¿QUÉ ES EL NUEVO PACTO?

NUESTRO Señor Yeshua vino a la tierra para ser mediador de un Nuevo Pacto, que se establecería por medio de su propia sangre, como el Cordero sin manchas de Dios. Esto era necesario porque Israel había invalidado el pacto que Dios había establecido con su pueblo, a través de Moisés.

Muchos creyentes cristianos con los cuales hemos conversado, asombrosamente, desconocen el contenido del Nuevo Pacto, aun cuando ese pacto sellado con la sangre del Mesías es para la SALVACIÓN. En Mateo 26:26-28, está escrito lo que sucedió en la cena de la Pascua, que fue lo siguiente: «Y mientras comían, tomó Jesús el pan, y bendijo, y lo partió y dio a sus discípulos, y dijo: Tomad, comed; esto es mi cuerpo. Y tomando la copa, y habiendo dado gracias, les dio, diciendo: Bebed de ella todos; porque esto es mi sangre del NUEVO PACTO, que por muchos es derramada, para remisión de los pecados». Esto es el mismo caso del porqué no se enseña la definición bíblica de pecado de 1 Juan 3:4.

Este Nuevo Pacto se encuentra tanto en el llamado Antiguo Testamento, como en el Nuevo. En la parte antigua de la Biblia está en Jeremías 31:31-33; y en la parte nueva está en Hebreos 8:8-10. Su contenido es el siguiente: «He aquí vienen días, dice el Señor, en que estableceré con la Casa de Israel y la Casa de Judá un NUEVO PACTO; no como el pacto que hice con sus padres el día que los tomé de la mano para sacarlos de la tierra de Egipto; porque ellos no permanecieron en mi pacto, y yo me desentendí de ellos, dice el Señor. Por lo cual éste es el pacto que haré con la Casa de Israel [los gentiles convertidos]: Después de aquellos días, dice el Señor: pondré mis leyes en la mente de ellos y las escribiré en su corazón; y yo seré a ellos por Dios, y ellos me serán por pueblo». Vemos que el pacto no es con gentiles, porque los gentiles que abrazan el pacto con todas sus implicaciones dejan de ser gentiles, como dice el apóstol Pablo en Efesios 2:11-13 y en Gálatas 3:29, entre otras citas.

Entonces, ¿qué es lo que el Señor pondrá en nuestras mentes y escribirá en nuestros corazones? SUS LEYES; SU TORAH (INSTRUCCIONES), EL

EVANGELIO, o lo que es lo mismo, todos sus mandamientos y leyes; la ley de Moisés, que ya sabemos que no es de Moisés, sino del Dios que creó los cielos y la tierra, así como las que dio a través del propio Yeshua y de sus apóstoles. El que diga que la ley de Moisés ya no hay que tenerla en cuenta, entonces le está diciendo no al Nuevo Pacto.

En Juan 5:45-47 leemos lo que dijo el Señor a algunos judíos que no creían en él, y fue lo siguiente: «No penséis que yo voy a acusaros delante del Padre; hay quien os acusa, Moisés en quien tenéis vuestra esperanza. Porque si creyeseis a Moisés, me creeríais a mí, porque de mí escribió él. Pero si no creéis a sus escritos, ¿cómo creeréis a mis palabras?». Entonces aquí el Señor deja bien establecido que para creerle a él, HAY QUE CREERLE A MOISÉS, ¿cómo entonces se va a desechar la ley de Moisés que es la ley de Dios, escrita en los cinco primeros libros de la Biblia?

Si el Nuevo Pacto lleva implícito, o incluye a la ley de Dios, entonces el Nuevo Pacto restaura al pacto Mosaico; por tanto el Nuevo Pacto no invalida al antiguo, ni a ninguno de los pactos que Dios ha hecho con los hombres. El Nuevo Pacto ha sido hecho sobre mejores promesas por lo siguiente:

1. Se hizo con un sacrificio único, el de nuestro Señor Yeshua.

2. Se estableció un Sumo Sacerdote no por el orden Levítico, sino por el orden de Melki-Tzedek (rey de justicia), que será un sacerdocio eterno.

3. Con este pacto ha sido enviado el Espíritu de Dios como ayudador de los que han entrado en el pacto con Dios; quien nos ayuda a desarraigar los hábitos de pecado, a través de la obediencia a los mandamientos e instrucciones de Dios.

Este ha sido otro aspecto en que se ha tergiversado la sagrada palabra de Dios y, espero de todo corazón, que este capítulo haya continuado esclareciendo la verdad.

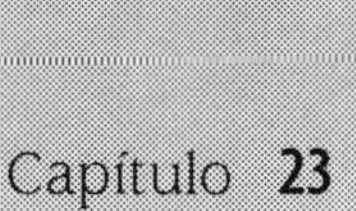

Capítulo 23 ¿CONOCE USTED EL NOMBRE ORIGINAL DE DIOS? ¿LO ESTÁ INVOCANDO?

Es un hecho que cuando se conoce algo o a alguien por determinado nombre; y durante mucho tiempo se oye mencionar y se menciona por ese nombre, es difícil llamarlo de otra manera, aunque se descubra su nombre original. Esto es un poco más difícil cuando se trata de nombres bíblicos y en especial el nombre del Todopoderoso.

Esto ha sido un tema muy controvertido, y es muy probable que aun los que sostenemos el nombre hebreo de Dios, no lo pronunciemos todo lo correcto que debiera ser. En lo personal soy del criterio que es preferible acercarnos lo más posible a la verdad, que mantenernos en una actitud en la que continuemos mencionando un nombre incorrecto, o no lo mencionemos.

Este criterio se basa en la propia Escritura, y por ello citamos a Éxodo 3:15, cuando el Eterno le menciona su nombre a Moisés y le dice: «Éste es mi nombre para siempre; con él se me recordará por todos los siglos». En Éxodo 9:16, Dios le ordena a Moisés, llevarle un mensaje al Faraón, y entre otras cosas dice: «Y a la verdad yo te he puesto para mostrar en ti mi poder, y para que MI NOMBRE SEA ANUNCIADO EN TODA LA TIERRA».

En el segundo, de los Diez Mandamientos, el Padre manda lo siguiente: «No tomarás el nombre del Señor tu Dios en vano; porque no dará por inocente Dios al que tomare su nombre en vano». Aquí no dice Dios que no mencionen su nombre, dice que no lo utilicen en vano. En otras palabras, que no se utilice superficialmente, con falta de peso, de reverencia y respeto. Sobre todo que la persona que lo use no esté viviendo en pecado, porque entonces el nombre es blasfemado, que es ofender a los atributos de Dios que el nombre representa.

También sería vano tomarlo en poco, sin peso, sin la importancia y sin el respeto que merece; sustancia o entidad. Hueco, vacío, falto de solidez, inútil, infructuoso, que no tiene fundamento, razón o prueba. Sin justicia.

También vano significa falto de realidad. Lo que es Dios, su Todopoder, su grandeza, lo representa el nombre. Es por ello que no debe utilizarse con ligereza, sino con un gran respeto, con temor reverente, y siempre y cuando no se esté viviendo en pecado.

Para el Eterno, el nombre también representa el propósito de quien lo lleva. Fue por ello que le cambió el nombre a Abraham, a Jacob, a Josué, y Dios cambió sus nombres cuando les dio un propósito que no correspondía con el nombre que tenían. La pregunta que nos hacemos es: ¿traducir el nombre del Altísimo lo hará vano?

Este servidor aprendió en los primeros grados de la educación primaria, y como una regla gramatical, que los nombres propios no se traducen. ¿cuánto más importante será NO traducir el nombre del Todopoderoso? Me pregunto, ¿en qué medida le importará a Dios que le traduzcan su nombre? Está escrito que ÉL determinó que el pueblo que estaba viviendo en pecado no lo mencionara más.

En Jeremías 44:26 la palabra dice: «Por tanto, oíd palabra del Señor, todo Judá que habitáis en tierra de Egipto: He aquí he jurado por mi grande nombre, que mi nombre no será invocado más por boca de ningún hombre de Judá, diciendo: Vive YHWH el Señor». Aquí Egipto representa el mundo de pecado, y Judá a los de su pueblo que no estaban guardando el pacto. Por eso fue que Dios permitió que en las Biblias más populares el nombre de Dios se haya transliterado como Jehová, en el caso de las versiones en español.

El idioma del pueblo de Israel ha sido el hebreo, y en el tiempo de Moisés se hablaba un hebreo antiguo, con cierta influencia aramea. Ahora bien, cuando Dios llamó a Moisés desde la zarza ardiente y le dijo que debía ir a Egipto a liberar a Israel de la esclavitud, Moisés le preguntó: ¿si el pueblo me pregunta el nombre del Dios de Abraham, Isaac y Jacob, que les responderé? Y respondió Dios a Moisés en lengua hebrea: «Ehyeh asher Ehyeh», que traducido es: «Seré el que Seré». Éxodo 3:14. Y en el versículo 15, Dios dice: «Así dirás a los hijos de Israel: Yud Hed Vav Heh [que personalmente considero que es YAHWEH], me ha enviado a vosotros. Éste es mi nombre para siempre; con él se me recordará por todos los siglos». Otro dato que queremos darle es que la letra «J» no existía como letra independiente antes del siglo 14, ni en inglés ni en español. El Judaísmo prohibió mencionar el nombre de Dios, con la intención de no profanarlo, pero el mandato de Dios no es prohibirlo, sino de no usarlo en vano.

En Ezequiel 36:21 leemos lo que Dios dijo acerca de su nombre: «He tenido dolor al ver mi nombre profanado por la Casa de Israel». Esos eran los israelitas gentilizados entre las naciones a donde fueron. Por esto fue que el mismo Dios quitó el nombre de las Escrituras. Sin embargo, veamos lo que leemos en Oseas 2:16-17: «En aquel tiempo, dice el Señor, me llamarás Ishi [esposo], y nunca más me llamarás Baali [Señor]. Porque quitaré de su boca los nombres de los baales [dioses falsos], y nunca más se mencionarán sus nombres». ¿Cuál es una de las cosas más importantes por las que se debería mencionar el nombre con la reverencia que merece? En Lucas 11:52 Yeshua hablando con ciertos intérpretes de la ley les dijo: «¡Ay de vosotros, intérpretes de la ley! porque habéis quitado la llave del conocimiento; vosotros mismos no entrasteis, y a los que entraban se lo impedisteis». ¿Cuál es esa llave del conocimiento que quitaron los intérpretes de la ley? El nombre que ellos prohibieron mencionar, porque al mencionar el nombre del Altísimo se mencionan todos sus atributos, y todo el mundo espiritual oye, y el entendimiento de quienes lo invocan con amor y temor, es abierto.

En Ezequiel 39:7, el Eterno dice: «Y haré notorio mi santo nombre en medio de mi pueblo Israel, y nunca más dejaré profanar mi santo nombre; y sabrán las naciones que YO SOY YAHWEH, EL SANTO DE ISRAEL». ¿La prohibición de mencionar el nombre se corresponde con la cita anterior? Hacer su nombre NOTORIO, como dice el Eterno, es hacerlo conocido por todos; que se haga manifiesto. Lo contrario es desconocido, ignorado. Así que es evidente que el deseo del Padre celestial es que su nombre sea conocido por todos, pero tratado con mucho respeto, y no en cualquier circunstancia.

El nombre original de Jesucristo es YAHOSHUA, que significa YAHWEH ES SALVACIÓN. Pero también se le llama Yahshua, o Yeshua, en su forma más corta, que significa SALVACIÓN. Al Salvador no se le decía Cristo en Israel, porque es una palabra griega. Se le llamaba como Mashiaj, y en ambos casos significa el ungido de Dios. La palabra mashiaj traducida al español es Mesías.

En la Biblia Reina-Valera 1960, podemos leer en Juan 1:41 lo siguiente: «Éste halló primero a su hermano Simón, y le dijo: Hemos hallado al Mesías (que traducido es, el Cristo)». En Israel a los seguidores del Mesías se les llamaba la secta de los nazarenos, lo que en la actualidad se le llamaría a la denominación de los nazarenos (Hechos 24:5). También se les llamaba «los del Camino» y esto lo vemos en Hechos 9:22 y 24:22.

Al Señor se le llamó Cristo y a sus seguidores cristianos por primera vez en Antioquía, que era una ciudad ubicada en Turquía, donde predicó el apóstol Pablo. Hechos 11:26. En Sofonías 3:9 leemos: «En aquel tiempo devolveré yo a los pueblos pureza de labios, para que todos invoquen el nombre de YAHWEH, para que le sirvan de común acuerdo». ¿Estaremos ya en aquel tiempo? En mi opinión, sin duda alguna, pero también veremos lo del tiempo del fin en el capítulo que se refiere a ese tiempo.

Así que estimados hermanos y lectores, le sugerimos que oren al Todopoderoso, y busquen confirmación sobre lo planteado en este capítulo, acerca de su nombre. No sientan vergüenza para decir el nombre correcto, aunque no se pronuncie de manera perfecta, porque Dios sabrá que queremos acercarnos a la verdad y la verdad nos bendecirá.

Capítulo 24 ¿POR QUÉ NECESITAMOS LA PALABRA DE DIOS?

YA hemos escrito que el Señor Yeshua nos manda a escudriñar la palabra de Dios, lo cual vemos en Juan 5:39, donde dice: «Escudriñad las Escrituras; porque a ustedes les parece que en ellas tienen la vida eterna; y ellas dan testimonio de mí...». Debo recordarle estimado lector, que cuando el Mesías dijo eso las únicas Escrituras que existían era a lo que se le llama el Antiguo Testamento, que en hebreo es Tanak. Es decir que el Salvador dice que en el Antiguo Testamento está la vida y que allí se da testimonio de él. Esto no quiere decir que se le reste importancia al Nuevo Testamento, o en hebreo el Brit HaDashat, porque éste es el cumplimiento del Tanak o Viejo Testamento. Por lo tanto, conocer bien a éste, es la única manera de comprender bien al Nuevo, aunque la teología haya creado el nombre de «viejo» para hacer sentir que ya está pasado de moda, y por tanto no ser necesario.

Hay muchos que dicen ser creyentes en Dios e incluso van de vez en cuando a una iglesia, sin embargo, no confían completamente en la Biblia porque alegan que «fue escrita por hombres» y los hombres se equivocan. Pablo escribió claramente, en 2 Timoteo 3:16, que la Biblia ha sido inspirada por el Espíritu de Dios, además del mandato del Señor de que se escudriñe porque en ELLA ESTÁ LA VIDA. Pero los que verdaderamente no quieren abrir su corazón a la verdad alegan eso porque la Biblia confronta a los pecadores con sus pecados; y, sobre todo, los mandamientos, leyes e instrucciones y enseñanzas de nuestro Padre celestial y de nuestro Salvador. Incluso hay creyentes que están más relacionados con la Biblia, que la estudian más, y que realizan más actividades de las que se instruyen allí, pero seleccionan los mandamientos que consideran que deben cumplir y desechan otros. Quiero decirle a esos hermanos en Cristo, que la palabra de Dios no es como un menú de un restaurante, que se escoge lo que se entiende, lo que es más cómodo realizar.

El Todopoderoso dice que «Yeshua fue constituido Salvador, para LOS QUE LE OBEDECEN». ¿Cuáles mandamientos? Todos los que nos correspondan, porque todos no le corresponden a todos. Hay para sacerdotes, otros para reyes, otros para mujeres, otros para hombres; y muchos de ellos, que corresponden a los sacrificios, están sin efectos. Así que los mandamientos y leyes que están vigentes nos ayudan a cumplimentar los Diez Mandamientos y, por tanto, los dos Mandamientos de mandamientos, sobre los que ya hemos escrito aquí. La palabra de Dios es la que restaura el alma, a lo que nos ayuda el Consolador, el Espíritu de Dios.

El Salmo 19:7 dice: «La ley de Dios es perfecta, que convierte el alma; el testimonio de Yahweh es fiel, que hace sabio al sencillo». Si usted llega a amar toda la palabra de Dios, comenzando por sus mandamientos, su alma se irá restaurando. Es por ello que hay creyentes que se pasan años en una iglesia y no cambian, o cambian muy poco. También dice la anterior cita que el testimonio de Dios es fiel que hace sabio al sencillo. ¿Cuál es el testimonio de Dios? Los Diez Mandamientos. Y ese testimonio hace sabio a quien lo ame.

Escudriñar la palabra es buscar y pedir en oración la verdad; clamar por ello, porque la Escritura dice: «Clama a mí y yo te responderé, y te enseñaré cosas grandes y ocultas que tú no conoces». En medio de la gran confusión doctrinal que hay, no es posible llegar a la verdad con una simple lectura de la Biblia. Hay que investigar, buscar y se llegará a la verdad, si en su corazón hay ese deseo y si usted le dedica tiempo a ese objetivo.

La única manera de que el Espíritu Santo ponga su ley en nuestra mente y la escriba en nuestros corazones, como dice el Nuevo Pacto, es que pongamos de nuestra parte, interiorizando la palabra, buscando la enseñanza de hermanos que estén en la sana doctrina de Dios y no en doctrina de hombres, y buscando que el Espíritu nos vaya dando la revelación que Dios considere ir dándonos. No hay que enamorarse de un pastor, hay que enamorarse del Todopoderoso y de su palabra con su sana doctrina.

El rey David escribió en el Salmo 119:127-128 lo siguiente: «Por eso he amado tus mandamientos, más que el oro, y más que el oro muy puro. Por eso estimé rectos todos tus mandamientos sobre todas las cosas, y aborrecí todo camino de mentira». Cuando el apóstol Pablo estuvo en Berea, a los que le predicó la palabra la recibieron con beneplácito, y escudriñaban cada día las Escrituras para ver si esas cosas eran así (Hechos 17:11).

Sin la palabra de Dios no puede haber restauración, que es alejarse del pecado, y sabemos que pecado es transgredir la ley de Dios (1 Juan 3:4). Entonces al no conocer la ley de Dios, o no darle importancia a una parte de ella, no puede haber una verdadera restauración. En Oseas 4:6 está escrito: «Mi pueblo fue destruido, porque le faltó conocimiento. Por cuando desechaste el conocimiento, yo te echaré del sacerdocio; y porque olvidaste la ley de tu Dios, también yo me olvidaré de tus hijos».

Hay hijos de muchos cristianos, incluyendo hijos de pastores y de otros lideres, que están alejados de la palabra de Dios, y se encuentran en diferentes situaciones, tales como: drogas, crímenes, alcohol, pornografía, fornicación, entre muchas otras. ¿Será eso por causa de Oseas 4:6?

Así que estimado hermano, creyente o interesado en la palabra de Dios, dedique en cada día un tiempo a escudriñar la palabra de Dios. Póngalo en su agenda, y respete ese tiempo más que alguna otra cosa, porque a ese tiempo, conjuntamente con la oración, le podrá llamar «Tiempo de restauración» y, por tanto, de salvación.

Ahora, si usted no aplica lo que aprende de la palabra de Dios, entonces no será un «hacedor de la palabra», como dice Pablo en Romanos 2:13, porque «no son los lectores, estudiosos y oidores de la palabra los justos ante Dios, sino los HACEDORES SERÁN JUSTIFICADOS».

Si usted ha visto algo en la palabra que está escrito, y que aparentemente es contrario a lo que le han enseñado, busque otros versículos bíblicos, tanto en el Antiguo como en el Nuevo Testamento, y vea cuáles son mayoría, y esos serán los correctos. Recuerde que la regla de interpretación bíblica está en el Salmo 119:160 que dice: «La suma de tu palabra es verdad...». Es decir, la mayoría es la verdad. Hermano, o lector, salga de la comodidad espiritual de aquellos que conociendo la verdad bíblica no se esfuerzan, ni tienen la valentía para cumplirla y enseñarla. Muchos hemos pasado por iglesias y doctrinas que no enseñan toda la verdad, o que parte de ella la enseñan distorsionada. Decida vivir una vida de FE con la completa paz y la seguridad que produce esforzarse por cumplir la voluntad del Todopoderoso y no la de los hombres.

El ejercitar correctamente la palabra escrita de nuestro Padre celestial hace la diferencia con el resto de las religiones impregnadas de doctrinas de hombres, que han creado mandamientos que han invalidado los mandamientos de Dios, que son el camino a la salvación y a la vida eterna.

Capítulo 25 ¿POR QUÉ NECESITAMOS LA ORACIÓN?

Los doce apóstoles del Señor conocían la Torah, porque se habían educado en el judaísmo. Pero el Adon (Señor), en el tiempo que estuvo con ellos, les enseñó su correcta interpretación, completando el conocimiento que les faltaba. De esa manera los convirtió en verdaderos pescadores de hombres y los preparó para el propósito para el que cada uno de ellos había sido escogido.

Los doce discípulos se percataron que el poder del Mesías radicaba, en buena medida, en su vida de oración y aunque todo judío instruido en el judaísmo ora, ellos le pidieron al Señor que les enseñara a orar (Lucas 11:1-4). Es entonces cuando surge la llamada oración del «Padre nuestro», que en la práctica es una guía para orar; porque de decirla, literalmente, tomaría a lo sumo unos dos minutos, y el Señor se pasaba horas orando.

Veamos lo que dijo el Mesías, y que aparece en Hechos 1:8 «...pero recibiréis poder, cuando haya venido sobre vosotros el Espíritu Santo, y me seréis testigos en Jerusalén, en toda Judea, en Samaria y hasta en lo último de la tierra». Lo que hace crecer la presencia y el poder del Espíritu Santo en los creyentes comprometidos con nuestro Padre celestial y con Yashua es la oración. La oración es el instrumento que nos ha dado Dios para que pidamos su ayuda para hacer su voluntad y caminar en el propósito que él nos ha asignado.

Los creyentes somos como una batería que necesita ser recargada con el poder del Espíritu de Dios para, en primer lugar, tener la «Armadura de Dios» puesta y poder resistir y rechazar las tentaciones y alejar la frialdad espiritual de nuestras vidas (Efesios 6:13-18). Por tanto, mientras más tiempo y mayor calidad se le dedique a la oración, mayor poder del Espíritu será recibido, y se podrá ejercitar la vida espiritual con mayor eficacia, y en un continuo crecimiento.

¿Qué es la calidad de la oración?

Es la concentración en la comunicación con Dios. Es no permitir que entre a la mente algún pensamiento ajeno a esa comunicación y cubrir las partes fundamentales de la oración que son las siguientes:

1. Orar el Padre nuestro. Arrepentimiento por los pecados.

2. Echar fuera cualquier influencia del enemigo. atando y desatando.

3. Adoración.

4. Orar la voluntad de Dios, según el propósito del Padre sobre el que ora.

5. Interceder por otros.

6. Orar sobre cualquier necesidad personal.

7. Esperar en silencio para escuchar la voz de Dios, para tener la guía correcta.

He hablado con muchas personas que cuando oran no esperan en silencio para escuchar la voz de Dios a través del Espíritu Santo, y nunca aprenden a oír lo que Dios quiere comunicarles. En general, él no habla audiblemente, sino que su voz llega a nuestra mente como un pensamiento. Eso hay que aprenderlo, pero solo esperando con paciencia se puede llegar a conocer la voz de Dios, sin que se confunda con nuestros pensamientos o con la voz del enemigo. El Salmo 5:3 dice: «...De mañana me presentaré delante de ti y ESPERARÉ». Y en el 37:7 leemos: «Guarda SILENCIO ante el Señor, y ESPERA en él».

El Señor dijo lo siguiente: «Velad y orad para que no entréis en tentación; el espíritu a la verdad está dispuesto, pero la carne es débil» (Mateo 26: 41). Se debe tener en cuenta que el campo de batalla del enemigo es la mente. Si no se está fortalecido con la oración, él no encontrará mucha resistencia a los pensamientos que el envía, con los cuales quiere contaminar la mente y llevarnos a consumar otros pecados (Efesios 6:16). Es por eso que el enemigo pone mucho énfasis en quitar a los creyentes los deseos de orar, que se distraigan con cualquier cosa, y que cualquier desánimo o dificultad contribuya con ese objetivo. También el cansancio, la televisión, el Internet, el exceso de trabajo o estudio, son factores que el maligno usa para que se deje de priorizar la oración, o que no se le dedique el tiempo que se le debe dedicar a esa actividad. Incluso, aquellos que tienen pasión por la palabra de Dios, no deben pensar que por dedicarle mucho tiempo a ella, pueden restar tiempo a la oración, pues una cosa complementa a la otra.

Así que estimados hermanos y lectores, la oración hace que el poder de Dios se manifieste en nosotros, y a través de nosotros. En nosotros, rechazando el pecado y los malos pensamientos que envía el diablo; y a través de nosotros, cuando por ejemplo se ora por un enfermo y Dios lo sana, o enseñando la palabra de Dios. Él usa nuestra boca y hace que se hable con denuedo y con palabra poderosa.

Aunque se puede orar en todo momento, y en cualquier situación, debe tratarse de orar en la intimidad con el Padre celestial tres, o al menos dos veces cada día, dedicándole todo el tiempo posible, un tiempo de calidad. En el Salmo 55:16-17, el rey David escribió: «En cuanto a mí, a Dios clamaré; y el Señor me salvará. Tarde, mañana y a mediodía oraré y clamaré, y él oirá mi voz».

Hermano y lector, ponga la oración en su agenda diaria y haga que ese tiempo sea sagrado, que por nada sea violado. Si el Todopoderoso es lo más importante de nuestra vida, y es a quien más amamos, entonces, el tiempo con él será el más importante y nos deleitaremos en él.

Capítulo 26 ¿ESTÁ VIGENTE EL DIEZMO?

EL tema del diezmo es uno de los más polémicos y controvertidos. Cuando se habla de las instrucciones de Dios, es uno de los asuntos que más interés causa por referirse al dinero, porque la mayoría de las personas dedican una buena parte de su tiempo y esfuerzo a producir dinero, con el que pueden satisfacer sus necesidades y deseos. Por tal motivo, nuestro Redentor Yeshua le dedicó atención a este asunto, y al respecto dijo: «Ninguno puede servir a dos señores; porque o aborrecerá a uno y amara al otro, o estimará a uno y menospreciará al otro. No podéis servir a Dios y a las riquezas» (Mateo 6:24).

Una vida centrada en el dinero produce avaricia, que es un afán excesivo y desordenado por conseguir riquezas para atesorarlas, es decir, sin compartirlas. Nuestro Señor dijo lo que aparece en Lucas 12:15, que es lo siguiente: «Guardaos de toda avaricia; porque la vida del hombre no consiste en la abundancia de los bienes que posee». En 1 Timoteo 6:7-10 leemos: «Porque nada trajimos a este mundo y nada podemos llevarnos. Así que, si tenemos ropa y comida, contentémonos con eso. Porque los que quieren enriquecerse caen en la tentación, y se vuelven esclavos de sus muchos deseos. Estos afanes insensatos y dañinos hunden a la gente en la destrucción y la perdición. Porque el AMOR AL DINERO ES LA RAIZ DE TODA CLASE DE MALES, al cual codiciando algunos, se han desviado de la fe, y se han causado muchísimos males».

Hermano y estimado lector, si quiere manejar el dinero que Dios le da en forma adecuada, no pregunte a dónde fue, sino a dónde debe ir. La palabra del Todopoderoso dice: «Todo lo que se siembra, eso se recogerá» (Gálatas 6:7). Esta palabra opera tanto en el ámbito espiritual como material, pero no dé esperando algo a cambio. Si usted es un dador, si comparte lo que tiene con otros que están necesitados, a usted no le faltará, al menos, lo más necesario, porque es una promesa de Dios y él es fiel.

Este tema, que causa tanta controversia entre creyentes y no creyentes, lo hemos traído a este trabajo para todos aquellos que sinceramente y de corazón buscan obedecer la palabra de Dios, y que están convencidos o deben convencerse de que él, y solo él, es el proveedor de todo lo que necesitamos. La mejor manera de mostrar nuestra confianza en él es honrándolo con nuestros bienes y con las primicias de nuestros frutos que él mismo posibilita que tengamos. En Proverbios 3:9-10 leemos: «Honra al Señor con tus riquezas y con los primeros frutos de tu cosecha. Así tus graneros se llenarán a reventar y tus bodegas rebosarán de vino nuevo».

Amados hermanos y lectores, todos conocemos que hay líderes cristianos, y de cualquier religión, que se han excedido en el uso personal que han hecho del diezmo y las ofrendas dadas por los miembros de su iglesia. Le prestan un excesivo interés a este tema, pero lo que usted dé a su congregación en el cumplimiento de lo que Dios ha mandado, no se fije en el uso de lo que usted da, porque a todos juzgará Dios. Concéntrense en que usted está obedeciendo y no se fije en otra cosa y, en última instancia, si cree que no está correcta la utilización del dinero en el lugar que usted va a instruirse de la palabra del Eterno, entonces, ore para que Dios le indique el lugar correcto dónde congregarse. Pero, no deje de cumplir con lo que Dios establece por la conducta de otros, para que no deje de recibir las bendiciones que se derivan de obedecer a Dios en esto y en todo lo que él establece.

Dios instituye por primera vez el diezmo en Levítico 27:30-32, donde está escrito: «La décima parte de los productos de la tierra, tanto semillas, como de árboles frutales, pertenecen al Señor, y está consagrada a él. Si alguien quiere recuperar algo, tendrá que pagar lo que valga, más una quinta parte». Pero el diezmo había sido practicado por Abraham más de cuatrocientos años antes, desde que él le dio a Melkisedec el diezmo de todo el botín que tomó de los reyes a los cuales había vencido» (Génesis 14:18-20).

El Eterno le dijo a Aarón, el primer sumo sacerdote de su pueblo Israel: «Tú no tendrás tierras ni propiedades en Israel, como los demás israelitas. Yo seré tu propiedad y tu herencia en Israel. A los levitas les doy como propiedad esa décima parte que los israelitas deben entregar de sus productos, en pago al servicio que prestan en el tabernáculo de reunión» (Números 18:20-21). Aquí se instituye por el Padre que los levitas debían recibir el diezmo del pueblo de Israel, como salario por sus servicios en el Tabernáculo en el desierto.

Dios establece también que los levitas, que eran los que se ocupaban de todas las tareas en el Tabernáculo y de enseñar la palabra al pueblo, y recibían los diezmos, debían apartar el «diezmo de los diezmos» para el sumo sacerdote, que en ese momento era Aarón el hermano de Moisés. Ésto se puede ver en Levítico 18:26-29. También lo podemos ver en el Nuevo Testamento en 1 Corintios 9:14, donde dice: «Así también el Señor ha ordenado, que quienes predican el evangelio, vivan de este ministerio». Es decir, los que han sido llamados por Dios a ocuparse solo de enseñar y ministrar su palabra, y llevar el mensaje de salvación, que puedan suplir sus necesidades del diezmo y las ofrendas de la congregación.

También nuestro Señor Yeshua al enviar a sus discípulos a predicar su mensaje les dijo que no se preocuparan de su sostenimiento, porque el obrero es digno de su salario, o de su sustento (Lucas 10:7). Muchas personas cuando se inscriben en un curso de cualquier especialidad, o de algo que le interese, no ponen reparos en el costo de eso. Cuando van al mercado se gastan mucho del dinero con que cuentan en alimentos. Cuando van a las tiendas de ropa gastan lo que pueden, y a veces lo que no pueden, con las tarjetas de crédito. Si desean hacer un viaje turístico se esfuerzan y reúnen el dinero necesario, o de igual forma lo pagan con las tarjetas de crédito, a las que después están endeudados. Pero cuando la palabra de Dios les dice que den a la obra de Dios un dólar de cada diez, entonces se ponen a pensar, y les es difícil aportar el diezmo de lo que el mismo Dios les da. Si Dios no les da salud, no pueden trabajar; si no les da el empleo, tampoco; y si no les da vida, mucho menos. Aun así les es difícil aportar ese diezmo cuando están recibiendo una palabra que los va a bendecir en muchos aspectos, que van a contar con la ayuda y protección del Todopoderoso, y que en definitiva es quien dio la salvación y dará la vida eterna, para las cuales no existen riquezas en el mundo para pagarlas.

Estimados hermanos y lectores, el diezmo también Dios lo estableció para evitar la avaricia en los creyentes. Para que sea una muestra de agradecimiento a él, por el altísimo privilegio de formar parte del rebaño de los que serán salvos. Para que puedan llegar a ser hijos del Todopoderoso, dueño del Universo, y por tanto, herederos de él.

Hermanos y amigos, ¿qué privilegios pueden existir más grandes que esos? El diezmo en cualquier situación económica que usted se encuentre es una prueba de FE que Dios le pone a los creyentes comprometidos con él. Nadie estará completamente preparado espiritualmente si no cumple con ese mandato.

En Malaquías 3:8-12 está escrito: ¿Robará el hombre a Dios? Pues ustedes me han robado. Y dijeron ¿en qué te hemos robado? En sus diezmos y ofrendas. Malditos sois con maldición, porque ustedes, toda la nación, me han robado. Traigan íntegro el diezmo para los fondos del templo, así habrá alimento en mi casa. Pruébenme en esto (dice el Eterno) y verán si no abro las compuertas de los cielos, y derramo sobre ustedes bendición hasta que sobreabunde...».

Las bendiciones de Dios no son solo de finanzas, pues algo más importante que eso es la salud; la paz, que sobre pasa todo entendimiento; la conversión de su familia y la salud de ellos; y lo más importante, la salvación. Las ofrendas son aquellas dádivas que se dan a la congregación, además del diezmo. Es un extra que el creyente da por una situación especial de necesidad, o porque siente en su corazón hacerlo, como llevar alimentos o entregar dinero para una fiesta bíblica.

En Lucas 21:1-4, vemos un pasaje en el que Yeshua estaba sentado frente al arca de las ofrendas, y vio que los ricos echaban sus ofrendas, y también vio a una viuda pobre que echó allí dos monedas, y dijo: «En verdad os digo, que esta viuda pobre echó más que todos. Porque todos aquéllos echaron para las ofrendas de Dios lo que les sobra; mas ésta, de su pobreza echó todo el sustento que tenía». Aquí vemos cómo el diezmo y las ofrendas le hablan a Dios de la actitud del corazón de su pueblo, del cual dice: «Cada cual dé como propuso en su corazón; no con tristeza, ni por necesidad, porque Dios ama al dador alegre» (2 Corintios 9:7).

El apóstol Pablo citó las siguientes palabras del Mesías: «Hay más dicha en dar que en recibir» (Hechos 20:35). Uno de los pasajes que prueba que el Señor Yeshua no abolió el diezmo, como a ninguna ley, ni a los profetas, es lo que vemos en Lucas 11:42 que dice: «¡Ay de ustedes expertos en la ley!, que dan la décima parte de la menta, de la ruda, y de toda clase de legumbres, pero descuidan la justicia y el amor de Dios. Debían de haber practicado esto sin dejar de hacer aquello». Cuando aquí dice el Señor: «Sin dejar de hacer aquello» ¿qué es aquello? El diezmo, porque dice que diezmaban la menta, la ruda, y toda clase de legumbres, que eran al menos parte de los productos que recibían.

Por último, estimados hermanos y lectores, veremos lo que el apóstol Pablo escribió en Gálatas 6:6, donde dice: «El que es enseñado en la palabra, haga partícipe de toda cosa buena al que lo instruye».

Lo más valioso con que puede contar una persona es la palabra de Dios, que es PALABRA DE VIDA. Concédale la extraordinaria y excepcional importancia que tiene, porque en buena medida usted le mostrará al Todopoderoso el valor que le concede, a través de sus diezmos y ofrendas.

Capítulo 27 ¿DIOS HACE MILAGROS HOY?

Los milagros son sucesos sobrenaturales que impresionan a todas las personas, porque en las fuerzas humanas no pueden ser realizados, sino solo con la intervención de un poder sobrehumano.

Una de las cosas que hizo el Mesías fueron los impresionantes milagros. Entre ellos, los más importantes fueron aquellos que suprimieron el dolor de muchas personas, lo que constituyó una muestra del poder de Elohim (Dios) y de su naturaleza compasiva, mostrando además Yeshua que él era el Mesías de Israel y del mundo.

Cuando Juan el bautista envió dos de sus discípulos a preguntarle a Yeshua si él era el Mesías, o habrían de esperar a otro, él les respondió: «Vayan y cuéntenle a Juan lo que están viendo y oyendo. Los ciegos ven, los cojos andan, los que tienen lepra son sanados, los sordos oyen, los muertos resucitan, y a los pobres se les anuncian las buenas nuevas. Dichoso el que no tropieza por causa mía» (Mateo 11:2-6).

Además de lo anterior, Yeshua hizo milagros para mostrarle a sus discípulos que él es el Mesías, y el Hijo de Dios. Hizo milagros tales como convertir el agua en vino, caminar sobre las aguas, apaciguar una fuerte tormenta en el mar, secar a una planta de higos, y muchos otros.

Ahora muchos creyentes en Dios, incluido pastores, y líderes de algunas religiones, que profesan su fe en Cristo, y tiene a la Biblia como el libro que rige su vida de fe, plantean que los milagros se hicieron por Cristo y por sus discípulos, pero que ya eso no se realiza. Pero en Juan 14:12 está escrito lo que dijo el Mesías al respecto: «De cierto, de cierto os digo: el que en mí cree, las obras que yo hago, él las hará también; y aun mayores hará, porque yo voy al Padre».

He visto muchos milagros, sobre todo de sanidad, incluso el Señor los ha hecho en mí, y me ha usado también sanando a personas con diversas dolencias. Así que puedo responsablemente decir que el Todopoderoso hace milagros también en estos tiempos, especialmente al que los pide con fe, en el nombre del Señor. De la misma manera que la liberación de una opresión demoniaca, lo que también hizo Yeshua, y que vemos en la Escritura, como al gadareno que estaba poseído por muchos demonios y lo hizo libre (Lucas 8:26-33).

Para obtener un milagro lo primero es que los creyentes lo pidan creyendo que se les concederá, y pedirlo ya es un acto de fe. El propio Señor cuando le pedían que hiciese un milagro en ellos, o en un familiar preguntaba: ¿crees que puedo hacer eso? Y al tener una respuesta de sí, decía: «Hágase según tu fe». A veces era tan evidente la fe en las personas que solo decía «hágase según tu fe».

Cuando una persona ha establecido una relación con nuestro Padre celestial, entrando en el Nuevo Pacto, entonces nuestro Dios tiene derecho legal sobre ese creyente, y por regla, el milagro tiene más posibilidades de ser concedido. Pero si la persona vuelve a la vida de pecado, es muy probable que pierda el milagro, y aun le sobrevenga algo peor. En Juan 5:14 está escrito, cuando el Señor se encuentra con una persona a la que había sanado, y le dice lo siguiente: «Mira, has sido sanado; no peques más, para que no te venga alguna cosa peor». En Mateo 10:1, el mandato que le da el Señor a sus discípulos, fue el siguiente: «Entonces llamando a sus doce discípulos, les dio autoridad sobre los espíritus inmundos, para que los echasen fuera, y para sanar toda enfermedad y toda dolencia».

¿Se considera usted discípulo del Señor, o aspira a serlo, así como ser su testigo? Si es así, entonces este mandato también es para usted; porque también en Hechos 1:8, Yeshua les dijo a sus discípulos: ...RECIBIRÉIS PODER cuando haya venido sobre vosotros el Espíritu Santo, y me seréis testigos en Jerusalén, en toda Judea, en Samaria, y hasta lo último de la tierra». ¿Para qué es el poder? Para dar testimonio del Mesías, nuestro Salvador, ¿mediante qué? Trasmitiendo el mensaje de salvación, sanando a los enfermos y echando fuera demonios. Y ¿quién es un discípulo del Señor Yeshua? Él mismo dice lo que vemos en Lucas 14:33: «Así pues, cualquiera de vosotros que no renuncia a todo lo que posee, no puede ser mi discípulo». Esto incluye a la familia, al «prestigio», a la fama, a los bienes materiales, a las relaciones; y a todo lo que pueda impedir un arrepentimiento genuino, que es un volverse a la VERDAD de la palabra del Eterno.

Esto implica que Adonai (el Señor Yeshua) debe estar primero que cualquier persona o cosa en la vida de los creyentes que están en su pacto, que están comprometidos con el Todopoderoso a través de Yeshua. Esto incluye a aquellos líderes cristianos que no están enseñando toda la sana doctrina de Dios, y han heredado; y continúan promoviendo doctrinas de hombres, no escritas en la Biblia, torciendo las Escrituras, e instruyendo de esa forma a otros creyentes.

En Marcos 8:35 vemos lo que dijo el Señor relacionado con lo anterior: «Porque todo el que quiera salvar su vida, la perderá; y todo el que pierda su vida por causa de mí y del evangelio (torah), la salvará». Esto significa que si usted, mi estimado creyente, no abre su corazón a la verdad, y por intereses ajenos a la sana doctrina, sigue relacionado con la apostasía, estará en juego su salvación.

En relación a los milagros que se realizan en diferentes religiones; y donde no predominan los mandamientos, leyes y todas las instrucciones de Dios, escudándose en su gracia, podemos citar al Señor que dijo: «No todo el que me dice: Señor, Señor entrará en el reino de los cielos, sino el que hace la voluntad de mi Padre que está en los cielos. MUCHOS me dirán en aquel día: Señor, Señor, ¿no profetizamos en tu nombre, y en tu nombre echamos fuera demonios, y en tu nombre hicimos muchos milagros? Y entonces les declararé: Nunca los conocí, apártense de mí, hacedores de maldad» (Mateo 7:21-23).

Aquí se está dirigiendo el Señor a MUCHOS que hicieron milagros en su nombre, y que incluso echaron fuera demonios, y él les dice que nunca los conoció, es decir, que nunca estuvo con ellos. ¿Qué cosa es maldad? Pecado, y ¿qué es pecado? Según 1 Juan 3:4: «Todo aquel que comete pecado, infringe también la ley; porque el pecado es infracción de la ley». Ya hemos visto que esta es la ley de Dios, la Torah, el evangelio; la ley a la que se obedece por fe y a la que se debe ser fiel. La cita de Mateo 7:21-23, nos dice que el hacer milagros no es una prueba definitiva de que se está en la doctrina correcta. Hay que estar en toda la verdad de Dios y no en una parte de ella, porque seguramente a los que no se arrepientan de eso, el Señor les dirá: «Apártense de mi hacedores de maldad o pecado».

Así que con todo amor, y por la salvación de los líderes del pueblo cristiano, así como del rebaño que están conduciendo, sean valientes, y prefieran arrepentirse, aunque pierdan mucha membresía, pero no perderán la salvación, o un lugar decoroso en el Reino de los cielos. Piensen que a Yeshua se le fueron muchos, a pesar de la poderosa palabra y los poderosos milagros que hizo. Fue cuando dijo una verdad que no quisieron entender, por lo que muchos desertaron. Eso lo vemos en Juan 6:53-58, donde fundamentalmente el Señor dijo: «El que come mi carne, y bebe mi sangre, tiene vida eterna». Y en el versículo 66 del mismo capitulo dice: «Desde entonces MUCHOS de sus discípulos volvieron atrás, y ya no andaban con él». Al parecer solo le quedaron los doce, porque Yeshua se dirigió a sus doce y les dijo: «¿Ustedes también quieren irse? Y entonces Pedro le respondió: Adon ¿a quién iremos? Tú tienes palabra de vida eterna» (Juan 6: 67-68). Así que ningún pastor debe sentir temor por perder cualquier cosa, o cualquier cantidad de miembros de su congregación, porque deben de estar dispuestos de dar por el evangelio, o por Yeshua su propia vida, porque de esa manera la salvarán.

Así que estimados hermanos y lectores, prediquemos enseñemos y hagamos la sana doctrina del Padre celestial. Entonces seremos instrumentos y testigos de nuestro Dios, para que él realice cualquier milagro que beneficie a un hermano, y que muestre su poder en el nombre que está sobre todo nombre, en el nombre de Yeshua HaMashiaj.

Capítulo 28 ¿EXISTE EL INFIERNO?

A LA mayoría de las personas no les gusta hablar de las cosas desagradables, incluyendo a creyentes comprometidos con Dios, que evitan hablar de la muerte, del infierno, y hasta del diablo. Hay incluso algunos que ni siquiera leen Apocalipsis porque les causa temor.

El temor no viene del Todopoderoso, y en cuanto a eso, él dice en 2 Timoteo 1:7: «Porque no nos ha dado Dios Espíritu de cobardía, sino de poder, de amor y de dominio propio». El temor es, en primer lugar, falta de confianza en nuestro Padre celestial; y es muy probable que cuando alguna persona tiene constantemente temor por algo, eso vaya sobre esa persona tarde o temprano. En Job 3:25 dice: «Porque el temor que me espantaba me ha venido, y me ha acontecido lo que yo temía». Una cosa es que sea necesario analizar las cosas negativas que pueden ocurrir en la vida, y que son una realidad que vemos a diario; como la muerte, enfermedades, accidentes, etc., y otra cosa es pensar y hablar de esos temas con temor. Ahora, debemos de hablar y meditar de las cosas que son perjudiciales, con el objetivo de hacer lo necesario para evitarlas o disminuir su efecto dañino en nuestras vidas.

El infierno es una realidad, ya que el propio Señor Jesucristo (Yeshua) habló en varias ocasiones de él, como el lugar a donde irían aquellos que desprecian a Dios y a su palabra, al no obedecerla.

En Ezequiel 18:23, dice: «¿Quiero yo la muerte del impío? dice Yahweh el Señor. ¿No vivirá, si se apartare de sus caminos? Y el versículo 21 dice: «Mas el impío, si se aparta de todos sus pecados que hizo, y obedeciera todos mis estatutos, y siguiera el derecho y la justicia, de cierto vivirá; no morirá». Hay solo dos lugares donde el alma de los humanos va cuando sus cuerpos mueren: al cielo con el Padre celestial, y nuestro Señor Yeshua; o al infierno. No hay un lugar intermedio, no existe el purgatorio, no es bíblico.

Al cielo se va cuando por la conducta de las personas, éstas califican para ser salvas, y estar con Dios; o al infierno, cuando las personas por su maldad no califican para la salvación. Ahora, el cielo es transitorio, porque los que están allí, serán resucitados, y vendrán con el Señor cuando él ponga los pies en tierra, en el monte de los Olivos. Recordemos el pasaje de Hechos 1:11, donde los ángeles que se pusieron al lado de los discípulos del Señor, cuando él subió al cielo, dijeron: «... Este mismo Yeshua, que ha sido tomado de vosotros al cielo, así vendrá como le habéis visto ir al cielo».

Con referencia a lo anterior, en Zacarías 14:3-4, dice: «Después saldrá Yahweh y peleará con aquellas naciones, como peleó en el día de la batalla. Y se AFIRMARÁN SUS PIES EN EL MONTE DE LOS OLIVOS...». Y en el versículo 5 dice: «...Y vendrá Yahweh mi Dios, y con él TODOS LOS SANTOS». Esos santos son los muertos que resucitaron, y los vivos que fueron arrebatados.

Así que Yeshua reinará sobre la tierra durante el milenio, o los mil años de reposo, y todos los que sean salvos también vivirán la vida eterna, en una tierra nueva y con un nuevo cielo. Apocalipsis 5:10 dice: «...y nos has hecho para nuestro Dios reyes y sacerdotes, y reinaremos sobre la tierra». Y la Nueva Jerusalén descenderá del cielo a la tierra, como aparece en Apocalipsis 21:2.

Cuando leemos en Juan 14:2-3, que el Señor iría a preparar moradas, perfectamente pueden deducirse dos posibilidades: (1) Que iba a preparar a la Nueva Jerusalén, o (2) Que serían las moradas temporales donde estarían los que morirían antes de su segunda venida. Pero, como ya vimos en Zacarías, vendrán con él, cuando el Señor ponga sus pies en la tierra. Hay algunas versiones bíblicas, que en vez de infierno aparece la palabra GEHENNA, en griego, o valle de HINNON, en hebreo. Ese lugar era un valle o barranco, ubicado a las afueras de Jerusalén, y que posterior al año 638 antes del Mesías, fue utilizado como basurero, y allí se quemaba la basura de Jerusalén.

Entonces podemos preguntarnos; Si Yeshua dijo que habría personas que por su conducta serían echados al valle de Hinnon, ¿estaba diciendo que se quemarían en el basurero, sí o no? Sin duda alguna ese valle de Hinnon es una tipología del infierno, donde dice la palabra que: «el gusano no muere, ni la llama se apaga» (Marcos 9:44). En Juan 15:6, leemos: «El que no permanece en mí es desechado y se seca, como las ramas que se recogen, se arrojan al fuego y se queman».

En Mateo 5:30 vemos que el Mesías dijo lo siguiente: «Y si tu mano derecha te hace pecar, córtatela y arrójala. Más te vale perder una sola parte de tu cuerpo, y no que todo él vaya al infierno». Veamos a Mateo 10:28, donde dice: «Y no teman a los que matan el cuerpo; mas el alma no pueden matar; teman más bien a aquel que puede destruir el alma y el cuerpo en el infierno». En Mateo 23:33 leemos lo que el Señor le dijo a algunos escribas y fariseos: «¡Serpientes, generación de víboras! ¿Como escaparéis de la condenación del infierno?

Hay algunos creyentes que plantean que Dios es un Dios de amor, y que no enviará a las personas al infierno; pero Dios mostró su amor dando a su Hijo, pero él, también es un Dios de justicia, y nos da a todos la posibilidad de escoger: la Vida Eterna o la condenación eterna. Los que no estén con el Rey de reyes y Señor de señores en la vida eterna, estarán con el diablo en la condenación eterna; eso es lo que está escrito en la Biblia; y lo vemos en Apocalipsis 20:10, donde dice: «Y el diablo que los engañaba fue lanzado en el lago de fuego y azufre, donde estaban la bestia y el falso profeta; y serán atormentados día y noche por los siglos de los siglos». Y con relación a esta cita, vemos en Apocalipsis 20:15, que dice: «Y el que no se halló inscrito en el libro de la vida fue lanzado al lago de fuego».

¿Quiere usted ser inscrito en el Libro de la Vida o no? Todo argumento que le quite veracidad a estas citas, y a la realidad del final que les espera a aquellos que no se arrepientan de sus pecados, y comiencen a obedecer al Todopoderoso, está contribuyendo a que las personas no teman el final que tendrán aquellos que no sean salvos, y por tanto, están contribuyendo con su perdición.

El Dios Creador pone delante de todas las personas la posibilidad de escoger entre una vida eterna y plena, con total felicidad; o una condenación eterna, en un sufrimiento terrible. ESCOJA LA VIDA Y HAGA TODO LO QUE SEA NECESARIO PARA QUE SEA DECLARADO

INOCENTE EN EL JUICIO FINAL, PORQUE SERÁ DEMASIADO LO QUE SE PIERDA; E INFINITAMENTE MARAVILLOSO LO QUE SE GANARÁ SI ESCOGE LA VIDA.

Capítulo 29 LOS JUICIOS DE DIOS

EN Hechos 17:30-31 está escrito: «Pero Dios, habiendo pasado por alto los tiempos de esta ignorancia, ahora manda a todos los hombres en todo lugar, que se ARREPIENTAN; por cuanto ha establecido un día en el cual juzgará al mundo con justicia, por aquel varón a quien designó, dando fe a todos con haberle levantado de los muertos».

Recordemos que justicia son todos los mandamientos de Dios, según el Salmo 119:172, que dice: «...Porque todos tus mandamientos son justicia». Y en Romanos 6:20, Pablo escribió: «Cuando ustedes eran esclavos del pecado, eran libres de la justicia». Al ser el pecado la infracción de los mandamientos de Dios; y ser la justicia de Dios el conjunto de esos mandamientos, cuando se está en pecado no se está bajo esa justicia, se es libre de ella, y esclavo del pecado. Así que el Todopoderoso juzgará por su justicia, es decir, por sus mandamientos, no por lo que los hombres han creado, o han quitado, sino por la de él».

El Señor Yeshua dijo lo que vemos escrito en Juan 12:48-50: «El que me rechaza, y no recibe mis palabras, tiene quien le juzgue; la palabra que he hablado, ella le juzgará en el día postrero. Porque yo no he hablado por mi propia cuenta; el Padre que me envió, él me dio mandamiento de lo que he de decir, y de lo que he de hablar. Y sé que SU MANDAMIENTO ES VIDA ETERNA. Así pues, lo que yo hablo, lo hablo como el Padre me lo ha dicho».

También la palabra dice que el Señor juzgará a los vivos y a los muertos, lo cual podemos ver en 2 de Timoteo 4:1. Hay dos maneras de estar vivos, y dos maneras de estar muertos. Puede alguien estar vivo físicamente, pero si no está en el Nuevo Pacto con el Eterno, está espiritualmente muerto, alejado de Dios, sin el Mesías y sin el pacto de las promesas, aunque diga que «cree en Dios, que tiene mucha fe, y que no le hace daño a nadie». Y el que se muera sin el Mesías, estará muerto física y espiritualmente. Pero el que físicamente muere, estando en el Mesías Yeshua, estará vivo espiritualmente, y será resucitado para vida eterna, así como resucitó el Mesías, con un cuerpo inmortal, que nunca más morirá.

En Juan 11:25 vemos lo que dijo el Señor: «Yo soy la resurrección y la vida; el que cree en mí, aunque esté muerto vivirá». Es decir, si usted está buscando el rostro de Dios, tratando de aprender su palabra para obedecerla; orando y tratando de reunirse con alguien que le enseñe la verdad, habiéndose arrepentido de sus pecados de corazón; adoptando a Yeshua como su Señor, y por tanto, entrando en su pacto; entonces no tendrá ningún motivo para tenerle temor a la muerte física. Eso estará en las manos del Padre celestial, y si ocurriera, usted estará seguro de que será salvo de la ira de Dios, y estará con él hasta que el Rey Yeshua venga para la tierra, a reinar en Jerusalén.

En 1 Pedro 4:17-18, el apóstol escribió: «Porque es tiempo de que el juicio comience por la Casa de Dios; y si comienza por nosotros, ¿cuál será el fin de aquellos que no obedecen al evangelio de Dios?» Es por esto que dijo el Señor en Mateo 10:22: «Solo los que perseveren hasta el fin serán salvos». Y en Apocalipsis 3:5 dice la palabra: «El que venciere será vestido de vestiduras blancas; y no borraré su nombre del libro de la vida, y confesaré su nombre delante de mi Padre, y delante de sus ángeles». Por lo que leemos aquí, el Señor puede borrar nombres que ya estaban escritos en el libro de la vida.

En toda la Biblia está escrito que la salvación no es fácil; que hay que perseverar en la obediencia al Todopoderoso, porque la puerta y el camino de la salvación son estrechos, difíciles. Es un camino con aflicción y tribulación; por lo que no nos conformemos con el nivel de fe que tengamos. Busquemos siempre ser más fieles a la palabra de Dios, porque siempre podremos ser mejores en eso. Porque «SUS PALABRAS SON ESPÍRITU Y SON VIDA» (Juan 6:63).

Capítulo 30 LA BATALLA CONTRA EL PECADO

NUESTRO Señor y Redentor Yeshua, el Mesías de Israel y del mundo, vino a la tierra para quitar los pecados. Ese fue el objetivo principal para el cual el Padre celestial lo envió a la tierra, para que con su muerte, nuestros pecados, y los de toda la humanidad, pudieran ser limpiados, a todos los que se decidan a arrepentirse de sus pecados y entren al Nuevo Pacto, y por tanto, al Camino de la Salvación.

En 1 Juan 3:5 dice: «Y sabéis que él apareció para quitar nuestros pecados». Y en el verso 8 dice: «El que practica el pecado es del diablo...». Por tanto, la batalla principal de todo creyente es dejar todos los hábitos y toda conducta pecaminosa, aunque en el proceso de restauración las personas van a pecar por debilidades, hábitos arraigados, y por desconocimiento.

Pero en 1 Juan 1:9 dice: «Si confesamos nuestros pecados, él es fiel y justo para perdonar nuestros pecados, y limpiarnos de toda maldad». De lo que se trata es de que los creyentes comprometidos con Dios, a través de Yeshua, no pequen deliberadamente; que es pecar con premeditación, diciéndose: «voy a pecar porque el Señor me perdona», eso es pisotear la sangre del Señor. Se van a cometer pecados, pero los VERDADEROS creyentes cuando pecan sienten un peso en su corazón por el pecado, que les impulsa a efectuar un VERDADERO arrepentimiento. Sienten tal vergüenza, que los conduce a pedir perdón y a decidir no cometer más ese pecado, aunque vuelvan a caer. Es posible que vuelva a suceder lo mismo, hasta que definitivamente, el creyente puede vencer a ese pecado, con la ayuda de la oración y del Espíritu de Dios, nuestro ayudador. El estudio de la palabra de Dios es clave, ya que «la palabra de Dios es medicina al cuerpo» (Proverbios 4:22); y también «convierte el alma» (Salmo 19:7).

Según mi propia experiencia en la batalla contra los pecados, éstos se clasifican de tres clases:

1. Los pecados por desconocimiento de la palabra de Dios.

2. Los pecados involuntarios.

3. Los pecados voluntarios.

En los pecados por desconocimiento, las personas tienen cierto atenuante porque desconocen, pero eso no lo exime de responsabilidad, ni de consecuencias, porque la palabra dice en Oseas 4:6: «Mi pueblo fue destruido porque le faltó conocimiento». Si usted comete un delito por no respetar una ley de su país, va a ser sancionado, y el no conocerla no lo hace inocente. De ahí la gran necesidad de conocer la palabra de Dios con amplitud y profundidad.

Los pecados involuntarios son aquellos donde ocurre una tentación, y la persona en ese momento no tiene el suficiente dominio propio para evitar el pecado. Este tipo de conducta se da mucho en los pecados sexuales; en las adicciones, como el alcohol; las drogas, y en la pornografía. Aquí primero el enemigo envía dardos de pensamientos de pecado a la mente, en el área donde la persona es débil, y trata de que se alimente y disfrute de ese pecado a nivel mental; hasta lograr que el creyente lo lleve a la practica. Esto le ocurre a los creyentes cuando hay debilidad en la oración; porque no están cargados con el poder de Dios, que es cuando hay llenura del Espíritu de Dios.

Por último tenemos a los pecados voluntarios, que en el caso de los creyentes que conocen un mandamiento o ley de Dios, y la violan deliberadamente, creen que van a ser perdonados realizando otras actividades bíblicas. Esto definitivamente es un error. Es un error muy común en aquellas religiones y denominaciones cristianas, que en su manera de llevar y enseñar la palabra de Dios le han quitado, cambiado o añadido a la palabra del Todopoderoso, lo cual se llama APOSTASÍA, que es alejarse de la verdad. Estos son los pecados más graves, porque el cambiar la palabra de Dios, produce lo que está escrito en Apocalipsis 22:18-19: «Yo testifico a todo aquel que OYE las palabras de la profecía de este libro: Si alguno añadiere a estas cosas, Dios traerá sobre él las plagas que están escritas en este libro. Y si alguno quitare de las palabras de este libro de esta profecía, Dios quitará su parte del libro de la vida, y de la santa ciudad y de las cosas que están escritas en este libro».

A este servidor le da temor las palabras anteriores, y es por ello que acepté lo que el Padre puso en mi corazón de escribir este libro. Realmente hay una fuerte tendencia de los creyentes de interpretar la palabra del Todopoderoso, según las tradiciones en la que han sido educados, o según la «manera» en que cada cual quiere llevar la relación con Dios, por lo que esas personas se hacen como Dios, porque le dicen a él cómo tiene que desarrollarse esa relación. Eso es muy peligroso, y exhortamos a los creyentes a que mediten en esto, y en las cosas que Dios no ha quitado, ni ha añadido en su palabra.

Hay personas que dicen «creer» en Dios, pero no creen mucho en su palabra; y otros que dicen «tenerlo en su corazón», y no les importa la palabra. De rareza hablan de Dios o de su palabra, ¿amarán realmente al Eterno los que así se conduzcan? ¿Qué les dirá Dios cuando vayan a su presencia si no se arrepienten y hacen lo que Dios instruye? Así que, por todas esas personas con estas características, y que están en nuestro radio de acción, debemos orar para que el Espíritu toque sus corazones, y salgan de la confusión en que están, y se arrepientan de sus pecados para que puedan obtener la salvación.

PECADOS MÁS COMUNES

1. Malos pensamientos. Este es uno de los más difíciles de erradicar, porque el dominio de los pensamientos es difícil. El enemigo opera a nivel de la mente, en especial con el sexo, con el temor, la inseguridad, la falta de fe y otros.

2. La falta de estudio de la palabra.

3. La falta de oración, y de meditar en Dios.

4. El no congregarse, o hacerlo en un lugar donde no se enseña la doctrina correcta.

5. No cumplir con el sábado (shabat) o día del Señor

6. Ver u oír en los medios de difusión: TV, Internet, radio, revistas, programas corruptos.

7. Reunirse y ser influido por personas no comprometidas con Dios.

Todo lo anterior puede ser erradicado si usted sigue las instrucciones bíblicas como están escritas. Ore y pídale al Padre que le confirme y le ayude a realizar lo que él manda y llegará el momento en que usted se sentirá un hijo de Dios que no estará en un sendero religioso, sino en el real camino de verdad, donde ningún temor existirá, y por tanto, estará completamente seguro de su salvación.

Capítulo 31 EL AGRADECIMIENTO A DIOS

MUCHOS creyentes han estado o están pidiéndole al Padre Celestial un milagro en sus vidas, o que les conceda alguna necesidad o deseo que tienen; ya sea la sanidad de una enfermedad, una reconciliación familiar, un cambio en su situación económica, o de otro tipo. Pero cuando pasa el tiempo y eso no ocurre se desaniman, y hasta se enojan con el Todopoderoso.

Sin embargo, puede suceder, que esos creyentes no tengan el nivel de agradecimiento que merece el Creador de todas las cosas, incluyendo a los seres humanos. Quieren un milagro pero no honran a Dios como él se merece, especialmente, si entendemos que somos deudores de él; que no merecemos algo. ÉL ha tenido una gran misericordia con la humanidad porque por su justicia merecemos la muerte. Sin embargo, él hizo lo contrario, envió al único que no cometió pecado a padecer y a morir para que los pecadores tuviéramos la oportunidad de salvarnos, lo cual ha constituido la mayor muestra de amor que se ha dado por alguien que no se lo merece.

¿Qué sucedió cuando el ser humano dejó de ser agradecido con Dios? En Romanos 1:21 leemos: «Pues habiendo conocido a Dios, no le glorificaron como a Dios, NI LE DIERON GRACIAS, sino que se envanecieron en sus razonamientos, y su necio corazón fue entenebrecido». Es decir, al dejar de ser agradecidos no le dieron la gloria que Dios merece, y contrario a eso, se volvieron orgullosos. En otras palabras, el corazón se vuelve necio y se oscurece, o deja de tener luz.

Es por eso que consideramos al orgullo, o vanidad, como el mayor defecto que pueda tener un creyente. Eso se podrá observar en aquellos líderes espirituales, que por llevar muchos años enseñando la palabra de Dios, y tener un nombre sobresaliente en el cristianismo; no aceptarán haber estado equivocados doctrinalmente. En algunas de las cosas que mostramos en este libro, y que no son enseñadas y practicadas por ellos, no van a aceptarlas y mucho menos van a arrepentirse. Todo ello por falta de humildad, por orgullo.

Muchos creyentes llevan su relación con Dios como una rutina, y tienen al Todopoderoso como si fuese a alguien al que hay que recurrir en caso de emergencia. No valoran que el amor de Dios a los humanos no tiene medida (Juan 3:16). No valoran lo que ya ha hecho Dios por ellos, y solo tiene en cuenta lo que no ha hecho. No valoran el que sus hijos estén vivos y tengan la oportunidad de ser salvos. No valoran la vida y la salud de que gozan, ni el alimento diario, ni otras bendiciones de las que disfrutan. Al menos, no tienen el nivel de amor y de agradecimiento de corazón que debieran tener.

A nadie le gusta ser disciplinado, a veces a través de castigos, pero la mayoría de los padres disciplinan a sus hijos por amor; para evitarles dificultades, y para que sean hombres y mujeres de bien. Ahora cuando nuestro Padre Celestial permite o impone algo en nuestras vidas para disciplinarnos, viene la queja, el desánimo, y hasta el enojo con Dios. No valoran que el Padre lo hace para restaurarnos, salvarnos y que se pueda cumplir el propósito que él tiene con nosotros.

En Hebreos 12:5-7 la palabra dice: «...Hijo mío, no menosprecies la disciplina del Señor; porque el Señor al que ama disciplina, y azota a todo el que recibe por hijo. Si soportáis la disciplina, Dios os trata como a hijos; porque ¿qué hijo es aquel al que el padre no disciplina?» Muchos creyentes no adoran al Eterno como él se merece, y como él lo pide en los Salmos 149 y 150, que en esencia dicen que lo adoremos con todo. También en Juan 4:23-24, el Señor manifiesta que el Padre está buscando a los verdaderos adoradores, que lo adoren en ESPIRITU Y EN VERDAD; es decir de corazón, y obedeciendo a su palabra, porque su palabra es la verdad. Por todo lo anterior, el Padre Celestial debe de estarle diciendo a muchos creyentes: «Mira todo lo que yo he hecho por ti hasta este momento, valóralo, aprécialo, y sé agradecido y después pídeme que te siga ayudando».

Lo que Dios quiere, en primer lugar, de nosotros es un corazón agradecido. Porque si se valora las maravillas que Dios ha hecho por nosotros, desde crearnos a su imagen y semejanza, y todo lo demás que conocemos, entonces tendremos muchos y grandes argumentos para amarlo con todo el corazón, alma y fuerzas, que es el primer gran mandamiento; no poniendo intereses personales antes que a Dios. En Jueces 8:34-35 leemos: «Y no se acordaron los hijos de Israel del Señor su Dios, que los había librado de todos sus enemigos en derredor; ni se mostraron agradecidos con la casa de Jerobaal, el cual es Gedeón, conforme a todo el bien que había hecho a Israel».

Cuando alguien siente agradecimiento por una persona que le hizo un gran favor, si no se es un ingrato, siempre se tiene un deseo de hacer algo por esa persona, de tener una acción de reciprocidad al gesto que ella tuvo; ¿cuánto más debemos tener presente permanentemente lo que nuestro Creador y Dios ha realizado por nosotros?

Seamos bien agradecidos con Dios, por lo que él ya ha hecho en nuestras vidas, y eso creará condiciones para recibir aquello que necesitamos y esperamos con FE: la Salvación y las bendiciones que están incluidas. Pero no hagamos algo para Dios esperando recibir algo a cambio; hagámoslo por quién es él; por amor y por agradecimiento.

Capítulo 32 ¿QUÉ ES LA LIBERTAD EN EL MESÍAS?

NUESTRO Señor Yeshua dijo lo que leemos en Juan 8:31: «Si vosotros permanecieres en mi palabra, seréis verdaderamente mis discípulos; y conoceréis la VERDAD, y la VERDAD OS HARÁ LIBRES». La Biblia la NVI dice: «Si se mantienen FIELES a mis enseñanzas, serán realmente mis Discípulos; y conocerán la VERDAD y la VERDAD LOS HARÁ LIBRES».

Recordemos que FE es la palabra hebrea emunah que significa fidelidad a la palabra de Dios; es decir, HACER las instrucciones de Dios como él manda, como están escritas. Recordemos también que cuando el diablo tentó a Yeshua, el Señor le respondió tres veces: «Escrito está...». Es decir, que el Señor a lo que está escrito en la Biblia le da un carácter de LEY, que es a lo que se debe obedecer, a serle fiel. En el Salmo 119:44-45, el rey David escribió: «Guardar tu ley siempre, para siempre y eternamente. Y andaré en LIBERTAD porque busqué tus mandamientos». ¿Sabría el rey David lo que es libertad? En 2 Corintios 3:17 leemos: «Porque el Señor es el Espíritu; y donde está el Espíritu del Señor, allí hay libertad».

En Juan 1:14 vemos: «Y aquel Verbo [o Palabra de Dios] fue hecho carne [hombre] y habitó entre nosotros. Y hemos contemplado su gloria que corresponde al hijo unigénito del Padre, lleno de gracia y de verdad». En Juan 6:63 está escrito: «El Espíritu es el que da vida; la carne para nada aprovecha; las palabras que yo he hablado son Espíritu y son vida». En Romanos 7:14 leemos: «Porque sabemos que la ley es espiritual; mas yo soy carnal, vendido al pecado».

Los versículos anteriores dicen claramente que la Palabra de Dios y su Espíritu es una unidad INDISOLUBLE, QUE NO SE PUEDEN SEPARAR. Yeshua es la Palabra de Dios hecha carne, y también en él está el Espíritu de Dios. Hay doctrinas que dan la impresión que plantean que la palabra de Dios es contraria a su Espíritu: algo absurdo, inconcebible y absolutamente falso.

En Santiago 1:25 leemos: «Mas el que mira atentamente a la perfecta ley, la de la libertad, y persevera en ella, no siendo oidor olvidadizo, sino hacedor de la obra, éste será bienaventurado en lo que hace». ¿De qué son LIBRES los creyentes comprometidos con Dios a través de Yeshua? De la esclavitud del pecado y de la muerte. Sabemos que el pecado conduce a muerte, ¿y qué es pecado? La transgresión de los mandamientos y de las instrucciones de Dios.

En Romanos 6:17-18 dice: «Pero gracias a Dios, que aunque erais esclavos del pecado, habéis OBEDECIDO DE CORAZON a aquella forma de doctrina a la cual fuisteis entregados; y LIBERTADOS DEL PECADO, vinisteis a ser siervos de la JUSTICIA». ¿Qué es justicia? Todos los mandamientos del Todopoderoso conforman su JUSTICIA (Salmo 119:172). Pero continúa el apóstol Pablo en Romanos 6:22 que dice: «Mas ahora que habéis sido libertados del pecado y hechos siervos de Dios, tenéis por vuestro fruto, la santificación, y como fin, la vida eterna». Aquí vemos claramente, que de lo que se liberta a un creyente comprometido con Dios a través de Yeshua es del pecado. La ley o palabra de Dios es la que nos liberta del pecado por la fe en el Mesías y por la fe del Mesías, porque al irnos desprendiendo de pecado, nos insertamos más en Yeshua, y esto es inversamente proporcional; pues a más pecado, más lejos de Dios; y a menos pecado, más cerca de él.

Al tener un corazón obediente a Dios y realmente buscar obedecer toda la palabra; entonces obtendremos santidad, porque la santidad la produce la obediencia al Altísimo; y con la santidad, la vida eterna. Lo que vamos a explicar ahora es una alegoría, que es algo que se utiliza para representar o explicar otra cosa. Y refiriéndonos al tema que nos ocupa, que es la libertad en el Mesías, citamos a Gálatas 4:22-25, tema éste que se usa para argumentar que la ley de Dios, que fue dada a su pueblo en el monte Sinaí, nos mantiene en esclavitud, cuestión absolutamente contraria a la Escritura, y es para Dios una abominación.

¿Por qué entonces en Gálatas 4:24-24 Pablo escribió que Agar (esclava con quien Abraham tuvo un hijo) es el monte Sinaí, el cual da hijos para esclavitud, si se supone que en el Sinaí Dios dio sus mandamientos a su pueblo que producen libertad del pecado? La respuesta es la siguiente. La interpretación de los rabinos de la época de Pablo decía que la tradición oral, leyes de los rabinos, u obras de la ley, se habían dado también en el

Sinaí; la cual en el judaísmo se estaba imponiendo a todo creyente en el Dios de Israel. Y aquellos que eran miembros del judaísmo, y por tanto, practicantes de esas tradiciones, eran considerados hijos de Abraham. Es por ello que Pablo dice que la Jerusalén de esos tiempos estaba bajo esclavitud, al adoptar leyes de hombres, algunas de las cuales invalidaban la ley escrita de Dios. Y en Gálatas 4:26-27 leemos: «Mas la Jerusalén de arriba, la cual es madre de todos nosotros, es libre. Porque está escrito: Regocíjate, oh estéril, tú que no das a luz; prorrumpe en júbilo y clama, tú que no tienes dolores de parto; porque más son los hijos de la desolada, que de la que tiene marido».

Sabemos que Sara era estéril, pero Dios posibilitó que ella diera a luz al hijo de la promesa, a Isaac. De éste salió Jacob, y de él los doce hijos que serían los padres de las Doce tribus de Israel; diez de las cuales fueron dispersas por el mundo; las que sin duda hoy sus descendientes son como la arena del mar. También sabemos que por la tribu de Judá vino a este mundo nuestro Salvador, el rey de los Judíos y de toda la tierra. Es por ello que los gentiles que se convierten a Yeshua, y entran a formar parte del pueblo de Dios, son hijos de la Jerusalén de arriba, de donde vino toda la palabra de YAHWEH, escrita en la Biblia. Y, básicamente, sus mandamientos, leyes y enseñanzas, plasmadas en los cinco primeros libros, conocidos en el cristianismo como el Pentateuco, pero siendo su nombre original TORAH.

Capítulo 33 A LAS PUERTAS DEL FIN

¿ESTAMOS bíblicamente a las puertas del fin de este mundo de pecado? Porque según la Biblia, la tierra y la vida en ella no desaparecerán, sino que el pecado se extinguirá.

Ya son varias las versiones, fechas que se han publicado, sobre el tiempo del fin, sobre el Apocalipsis o la gran tribulación, el fin del mundo, y el Juicio final. La más reciente fue la del calendario maya, que según ese calendario en el 2012 ocurriría el «fin del mundo», lo cual vimos que fue una falsedad más. Pero les puedo asegurar, bíblicamente, que el fin de este sistema de cosas está bien cerca.

Por haber existido varias versiones sobre el «fin del mundo», hay muchas personas que no creen en eso. Incluso muchos creyentes consideran que ese evento está aún lejano. Es la misma sensación que tienen sobre la posible cercanía de la muerte, porque muchos no tienen en cuenta que la muerte física puede llegar en cualquier momento.

En 2 Pedro 3:8 leemos: «Mas, oh amados, NO IGNOREN ESTO: que para el Señor un día es como mil años, y mil años como un día. El Señor no retarda su promesa [de venir pronto], según algunos la tienen por tardanza, sino que es paciente para con nosotros, no queriendo que ninguno perezca, sino que todos procedan al arrepentimiento». Entonces si mil años para nosotros, es un día para Dios, y sabemos que el Mesías subió al cielo hace cerca de dos mil años; entonces para Dios el Mesías se fue hace unos dos días.

Muchos creyentes cristianos consideran que no se puede tener una idea del tiempo en que el Yeshua vendrá, por un versículo bíblico mal interpretado. Ese versículo es Mateo 24:36 que dice: «Pero del día y la hora nadie sabe, ni aun los ángeles de los cielos, sino solo mi Padre». El Señor habló sobre EL DÍA Y LA HORA, no dijo el año, el mes o la semana. Está escrito claramente que dijo DÍA Y HORA; y lo repite en el versículo de Mateo 24:42, donde dice: «VELAD PUES, PORQUE NO

SABÉIS A LA HORA QUE HA DE VENIR VUESTRO SEÑOR». También lo reitera en los versículos 44 y 50.

Así que si el Señor nos manda a que velemos, para no venir sobre nosotros como «LADRON EN LA NOCHE»; para que no nos tome de sorpresa su venida. En 1 Tesalonicenses 5:1 Pablo escribió: «Pero acerca de los tiempos y de las ocasiones, no tenéis necesidad, hermanos, de que yo os escriba..». Pablo le había enseñado a los tesalonicenses que Dios marca sus tiempos por sus festividades, y por el calendario bíblico que es LUNAR, y no por el que se guía este mundo, que es solar. Continúa Pablo en el versículo 2 diciendo: «Porque vosotros sabéis perfectamente que el día del Señor vendrá así como ladrón en la noche...» y del 4 al 6 dice: «Mas vosotros, hermanos, NO ESTÁIS EN TINIEBLAS, PARA QUE AQUEL DIA OS SORPRENDA COMO LADRÓN. Porque todos vosotros sois hijos de luz e hijos del día; no somos de la noche ni de las tinieblas. Por tanto, no durmamos como los demás, sino VELEMOS Y SEAMOS SOBRIOS». Sobrio es ser medido en todo.

En Apocalipsis 16:15, vemos lo que el propio Señor dijo: «He aquí yo vengo como LADRÓN. Bienaventurado el que VELA y guarda sus ropas, para que no ande desnudo, y vean su vergüenza». Las ropas simbolizan los mandamientos y todas las instrucciones de Dios. Tenerlas puestas es estar en obediencia a ellas; es estar VELANDO, preparado para cuando el Señor venga. El profeta Amós en el capítulo 3 versículo 7, escribió: «Porque no hará nada el Señor, sin que revele su secreto a sus siervos los profetas». Dios le dijo a Noé lo del Diluvio y lo instruyó para que construyera el arca donde se salvó él y su familia. También avisó a Abraham de la destrucción de las ciudades de Sodoma, Gomorra, Adma y Seboim, para que intercediera por su sobrino Lot, y así se pudo salvar éste y sus hijas. En toda su palabra, Dios avisa de las consecuencias del pecado, como las que aparecen en Deuteronomio 28; por lo cual el pueblo de Israel ha sido castigado muchas veces. Esto, por supuesto, incluye a aquellos que hemos dejado de ser gentiles y pasado a formar parte del pueblo de Dios, que es el pueblo de Israel, como lo muestra la Biblia.

Dios ha establecido muchas señales de los últimos tiempos, para que los creyentes le prestemos atención, y eso nos motive y nos ayude a estar preparados. Pero, ¿cómo pueden estar preparados aquellos que ni siquiera están realizando las festividades proféticas de Dios, con las cuales se ensaya lo que el Mesías realizará en su segunda venida? Solo voy a decir que el Señor Yeshua vendrá en la fiesta de las Trompetas, y ya hemos dicho que los eventos bíblicos más importantes se han realizado en las fechas de las festividades de Dios. Vendrá el Mesías en la fiesta de las Trompetas, porque dice la palabra de Dios en Mateo 24:31: «...Y enviará a sus ángeles con gran voz de trompeta». En 1 Tesalonicenses 4:16-17 dice: «Porque el Señor mismo con voz de mando, con voz de arcángel, y con TROMPETA DE DIOS, descenderá del cielo; y los muertos en el Mesías resucitarán primero. Luego nosotros los que vivimos [Pablo pensaba que estaría físicamente vivo], los que hayamos quedado, seremos arrebatados juntamente con ellos...».

El sonido de la gran trompeta, o shofar, hará un llamado a dos grupos de personas: el primer grupo será de los que hayan muerto en el Mesías, o por la palabra de Dios, que serán resucitados con cuerpos como el Mesías resucitó. El segundo grupo será de los que estén vivos en sus cuerpos y serán levantados o arrebatados, pero en un abrir y cerrar de ojos sus cuerpos serán transformados. Es decir, en cuerpos inmortales como el del Mesías, lo cual vemos en 1 Corintios 15:51-52, donde leemos: «He aquí os digo un misterio: No todos dormiremos; pero todos seremos transformados [los vivos y los muertos], en un momento, en un abrir y cerrar de ojos, a la final trompeta; porque se tocará trompeta, y los muertos serán resucitados incorruptibles, y nosotros seremos transformados».

En Isaías 46:10, el Eterno nos dice: «anuncio lo por venir desde el principio, y desde la antigüedad lo que aún no era hecho...». En hebreo, «principio» es la palabra bereshit, que es como se llama el primer libro de la Biblia, al cual se le puso Génesis. Es por eso que el primer versículo, del primer capítulo, comienza diciendo: «En el principio». Dios dice que el anuncia desde el principio lo porvenir, porque muchos eventos ocurridos en el tiempo que abarca el libro de Bereshit o Génesis, son a su vez profecías de lo que ocurriría posteriormente. Por ejemplo la Creación se realizó en seis días, y Dios descansó el séptimo día, al cual bendijo y santificó, haciéndolo más especial que al resto de los días. Posteriormente él establece los años, meses y semanas. A esta última le puso siete días de duración, poniendo el séptimo día de reposo dedicado a él, en una santa convocación o festividad, a la que se le llama en hebreo shabat como ya hemos visto, y en cuyo día no se puede trabajar. Así también el séptimo milenio será un milenio de reposo, o Gran Shabat.

Otro ejemplo es que en el cuarto día de la Creación Dios creó al sol y la luna; y en el cuarto milenio nació el Sol de justicia, que es nuestro Señor Yeshua (Malaquías 4:2). También vemos que hubo el Éxodo del pueblo de Israel al salir de Egipto; y cuando el Señor venga, por segunda vez, habrá un gran éxodo desde todas las naciones. En Génesis 6:3, Dios establece el tiempo de duración del hombre viviendo en pecado, cuando dijo: «No contenderá mi espíritu con el hombre para siempre, porque ciertamente él es carne; mas serán sus días ciento veinte años». ¿Qué quiso decir Dios aquí?, porque el hombre vivió más de ciento veinte años, varios milenios después, incluso en el siglo XX. No eran ciento veinte años literales; eran ciento veinte jubileos, que es la festividad más demorada entre una y otra, pues media un tiempo entre ellas de cincuenta años. Esto aparece en Levítico 25, y consiste en que en ese año de jubileo, los que perdieron sus posesiones regresarían a ellas. Los siervos o esclavos serían liberados y cada cual volvería a su familia. ¿Será que Dios tiene un jubileo para él? Sin duda alguna, Dios regresará a la posesión de la tierra que él creó, y que le pertenece, y lo hará a través de Yeshua. Así que si multiplicamos ciento veinte jubileos por el tiempo de duración entre uno y otro, que son cincuenta años, tendremos un total de seis mil años, o seis milenios.

Entonces si desde Adán a Yeshua pasaron cuatro mil años, y de Yeshua a la fecha casi dos mil, tendremos un total de unos seis mil años. Por tanto, estamos a las puertas del final del sexto milenio y del comienzo del séptimo, en el que hará su aparición el Rey de reyes y Señor de señores. Pero usted podrá decir: «ya estamos en el año dos mil quince y el Señor no ha venido». A eso le podemos responder que el hombre ha manipulado los calendarios, y por tal razón hay una cierta diferencia de años entre el tiempo real de Dios, y el año en que estamos. Pero lo que sí podemos afirmar es que estamos muy cerca de la aparición de nuestro Señor.

La profecía de Daniel de las «Setenta semanas», que algunos dicen que ya fue cumplida, podemos demostrar lo contrario, yendo a la cita que vemos en Daniel 9:24, donde leemos: «Setenta semanas están determinadas sobre tu pueblo y sobre tu santa ciudad [Jerusalén], para terminar la prevaricación [infracción de leyes], y poner fin al pecado, y expiar la iniquidad, para traer la justicia perdurable, y sellar la visión y la profecía, y ungir al Santo de los santos». La pregunta es, ¿ya terminó la infracción de las leyes de Dios?, ¿ya se terminó el pecado y la iniquidad?, ¿ ya está establecida la justicia en este mundo? Entonces esta profecía aún tiene cumplimiento, aunque en algunas de sus partes, también fue cumplida en el pasado, porque hay profecías que profetizan más de un evento a realizarse en tiempos distintos. El cumplimiento de esta profecía coincidirá con el jubileo ciento veinte, que será el último.

El incremento de los desastres de la naturaleza en todo el mundo y las señales en el cielo, son anuncios de la cercanía del tiempo del fin. El incremento de la criminalidad, el terrorismo, las enfermedades como el cáncer y muchas otras. La pobreza, la contaminación ambiental, las guerras, la falta de compasión de las personas, la inmoralidad, la pornografía, las adicciones, la ausencia de los valores familiares, la falta de amor, son causas que producen tribulación y evidentes señales del fin. La palabra tribulación significa: Padecimiento espiritual, moral y físico; angustia como resultado de situaciones adversas. Grandes aflicciones que padece una persona, un grupo o una multitud.

En cuanto al amor, la palabra dice en Mateo 24:12: «y por haberse multiplicado la maldad [pecado], el amor de muchos se enfriará». Las lunas de sangre que se suceden en dos festividades bíblicas, que son la Pascua y la fiesta de los Tabernáculos, nos están anunciando que algún evento se realizará en ese marco, como ha ocurrido en las anteriores; las de los años 1949 y 50, en el marco del establecimiento del estado de Israel; las de los años 1967 y 68, en el marco de la Guerra de los Seis días, en el que Israel tomó la totalidad de la ciudad de Jerusalén. ¿Será coincidencia que las tétradas de lunas de sangre se produzcan durante dos fiestas bíblicas, y en el marco de eventos importantes relacionados con Israel?

En Apocalipsis 9, a partir del versículo 13, la palabra dice que en la sexta trompeta serán soltados los cuatro ángeles de la Guerra que estaban atados junto al gran río Éufrates. Este río atraviesa tres países: Irak, Siria y Turquía; ¿y qué está pasando ahora mismo en esa región?. Sin duda alguna, esa región del medio oriente, donde también se encuentra Israel; y muy cerca Irán, que tiene como objetivo priorizado la destrucción de

Israel; será el escenario donde comenzará la Guerra que matará a la tercera parte de la humanidad, por lo que podemos imaginarnos qué clase de Guerra será.

Amados hermanos de la fe, y lectores en general, estén atentos a las noticias sobre esta región del mundo, porque de allí tendremos grandes señales. Con relación a Israel, y a pesar de las consecuencias que ha sufrido por sus pecados, Dios le prometió a Abraham, fundador de su pueblo, lo siguiente: «Bendeciré a los que te bendigan, y maldeciré a los que te maldigan; y serán benditas en ti todas las familias de la tierra». Y sabemos que nuestro Padre Celestial es FIEL, y de hecho el resurgimiento de Israel ha sido un milagro nunca visto en la historia.

Otro de los aspectos que nos dirá que estamos en los tiempos bien finales será la implantación del *microchip*, que hasta pueden cambiarle el nombre y llamarle dispositivo electrónico, pero a fin de cuentas será la MARCA DE LA BESTIA, como está escrito en Apocalipsis 13:16-18 y 14: 9-12. La marca la pretenderán poner en la frente o en la mano, tal como lo dice la Biblia, y también lo explica el doctor Carl Sanders, quien dirigió el grupo de investigación de más de cien científicos, ingenieros y doctores en medicina, que crearon el *microchip*. Realmente se necesitara gran FE para cuando digan que no se podrá comprar alimentos, u otras cosas de primera necesidad, si no se tiene el *microchip*. Es por ello que es tan necesario buscar de Dios como primera prioridad, y ganar en fe a través de su palabra NO ADULTERADA y de su Espíritu.

Por último, el propio Señor Yeshua nos dice en Mateo 24:15-18 la señal final y la más importante para los que estén vivos en ese momento: «Por tanto, cuando veáis en el LUGAR SANTO LA ABOMINACIÓN DESOLADORA de que habló el profeta Daniel, entonces los que estén en Judea, huyan a los montes. El que esté en la azotea, no descienda para tomar algo de su casa; y el que esté en el campo no vuelva atrás para tomar su capa». Aquí el Señor nos instruye a que cuando se vea esa enorme ofensa que pudiera ser algo que se colocará, por ejemplo, en el Arca del Pacto, que fue el Trono de Dios en la tierra, salgamos huyendo, porque sin duda la persecución será terrible. Y recordemos lo que nos dice también el Señor en Marcos 8:35:«Porque todo el que quiera salvar su vida la perderá; y todo el que pierda su vida por causa de mí y del evangelio, la salvará»

Así, que si usted por insuficiente fe, se deja poner el *chip* para poder comer, entonces, será marcado con la señal de la bestia y se perderá para siempre. Recuerde que el pueblo de Israel fue alimentado por nuestro Dios en un desierto que no había nada por cuarenta años. ÉL podrá hacer lo mismo, aunque con seguridad, por un período mucho menor. No flaquee, busque la verdad, practíquela y defiéndala; que nuestro Dios le aumentará la fe, y estará preparado para los tiempos bien difíciles que ya están a las puertas.

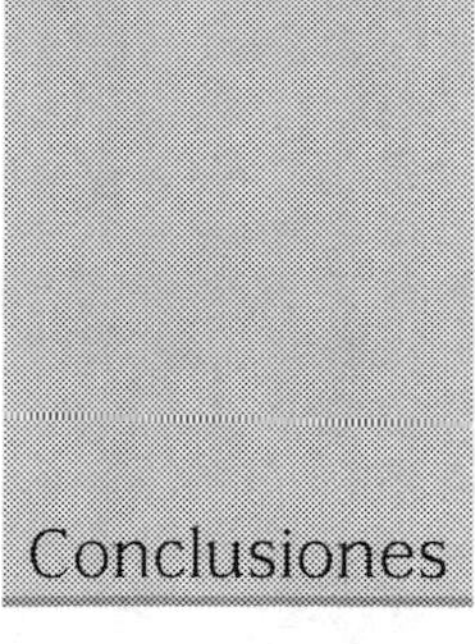

Conclusiones

HAY una doctrina a la que se le llama «salvo siempre salvo», basada en lo que dijo el apóstol Pablo acerca de la predestinación. Y predestinar es destinar de antemano, o con antelación a algo o a alguien, hacia un objetivo o finalidad; en este caso es destinar a alguien para que sea salvo, en el juicio que Dios le hará a los vivos y a los muertos.

En Romanos 8:29-30, leemos: «Porque a los que antes conoció, también los predestinó para que fuesen hechos conformes a la imagen de su Hijo, para que él sea el primogénito entre muchos hermanos. Y a los que predestinó, a éstos también llamó; y los que llamó, a éstos también justificó; y a los que justificó, a éstos también glorificó». Dice la cita que predestinó a los que antes conoció; y aquí el término «antes» significa que, al menos, fue antes del nacimiento. Esto puede ser posible porque el Todopoderoso tiene el don de conocer el futuro, a lo que se le llama presciencia, lo cual podemos ver en 1 Pedro 1:2.

Recordemos también lo que está en Isaías 46:10, donde Dios a través de Isaías, dice: «...que anuncio lo por venir desde el principio, y desde la antigüedad lo que aún no era hecho...». Es decir, por el conocimiento del futuro que tiene Dios en su infinito poder, él sabe de antemano el corazón que tendrá cada persona; y si ese corazón será abierto a la verdad para amarlo a él, y decidir dejar la vida de pecado, para aprender a caminar en obediencia. Pero Dios no varía la libertad de decidir de las personas; éstas deciden estar con él o no. Así que la predestinación se basa en el conocimiento que previamente tiene Dios, sobre la decisión que las personas tomarán en cuanto a él. Por tanto, aquéllas que él conoce que decidirán amarlo; éstas son predestinadas, protegidas, llamadas y escogidas.

Aquellas personas que dicen establecer una relación con Dios, y que por considerar que aunque vivan sin obedecer los mandamientos de Dios, por estar bajo la gracia, van a ser salvos, están falta de conocimiento bíblico.

En toda la Biblia está escrito que la obediencia al Eterno es lo que le propiciará salvación. Hemos visto que en Hebreos 5:9 dice que el Mesías fue constituido Salvador para los que le obedezcan. En Hechos 5:32, vemos que el Espíritu de Dios es dado a los que obedecen a Dios. Pablo escribió en Romanos 2:13, que los HACEDORES DE LA LEY SERÁN JUSTIFICADOS, NO LOS OIDORES.

El Mesías dijo que solo los que perseveren serán salvos (Mateo 10:22) La propia definición de pecado dice en 1 Juan 3:4, que infringir la ley de Dios es pecado. El que viva voluntariamente en pecado, aunque haya confesado a Cristo no podrá ser salvo, porque Dios dice que: «No tendrá por inocente al culpable» (Nahúm 1:3). En Apocalipsis 3:3 está escrito: «Acuérdate, pues, de lo que has recibido y oído; y guárdalo, y arrepiéntete. Pues si no velas, vendré sobre ti como ladrón, y no sabrás a qué hora vendré sobre ti. Y en el versículo 5 dice: «El que venciere será vestido de vestiduras blancas; y NO BORRARÉ SU NOMBRE DEL LIBRO DE LA VIDA...».

Es decir, el Señor puede borrar el nombre del libro de la vida. Así que la doctrina de «salvo siempre salvo» no tiene ningún fundamento bíblico, PORQUE NADIE PUEDE ESTAR EN EL CAMINO DE LA SALVACIÓN A SU MANERA; TIENE QUE SER A LA MANERA DE DIOS, Y SU MANERA ESTÁ ESCRITA EN LA BIBLIA.

Estimados hermanos y amigos, entre muchos cristianos que he conocido, existe una especie de conformismo con la comisión de pecados, porque dicen que «somos pecadores» y siempre vamos a pecar. No se nota una determinación de sacar el pecado de sus vidas, Entonces, eso justifica el vivir siempre de pecado en pecado. Eso es diferente a ser consciente que el creyente que se arrepiente y se compromete con Dios, a través del pacto, sabe que entra en una etapa de restauración. Esa etapa quizás pueda durar toda su vida, pero está decidido a enfrentar al pecado; y con la ayuda del Señor, sacarlo especialmente del área débil que pueda tener, y en la que ha caído en varias ocasiones. Es decir, se cae, pero se es consciente que hay que sacar ese pecado, fortaleciendo el dominio propio, no solo para el área débil, sino para todo lo demás.

Así que no se puede ser conformista con una actitud pecaminosa. Hay que hacerle la guerra al pecado. A esto nos ayuda el Espíritu de Dios, el cual es el ayudador de aquellos que tengan un corazón obediente. Sabemos que después de años de estar recibiendo enseñanzas de la palabra de Dios adulterada, por doctrinas de hombres, se hace difícil que caiga el velo que eso produce. Más aún en un líder que tiene que dar una gran muestra de su capacidad de reconocer que ha estado involucrado en esa situación. Siempre será mejor rectificar para sí mismo, y para los demás, cuando se trata de la palabra que determinará el destino final de cada creyente, porque el que juzgará dijo: «...La palabra que he hablado, ella le juzgará en el día postrero...» Juan 12:48.

Muchos creyentes hablan del carácter amoroso de Dios, y solo hacen énfasis en eso. Es cierto, Dios es amor, pero también es justicia, y tengamos en cuenta que Yeshua es sacerdote por el orden de Melquisedec, que significa Rey de Justicia (Hebreos 7:2).

Toda doctrina que instruya a que nos alejemos del pueblo de Israel es falsa, porque no es bíblica. El pueblo de Dios es Israel, del cual formamos parte todos los que ÉRAMOS GENTILES, y entramos en pacto con el Todopoderoso a través de su Mesías; el cual no ha desechado a su pueblo Israel. Romanos 11:1-2 y Efesios 2:11-15. Toda doctrina que plantee que ya la ley de Moisés no es válida, es falsa, porque esa ley no es de Moisés, sino de Dios. Es la ley que por el Nuevo Pacto será puesta en nuestra mente y escrita en nuestros corazones. Y no hay pactos con los gentiles, sino con la Casa de Israel y la Casa de Judá (Jeremías 31:31 y Hebreos 8:8-10).

Mis hermanos cristianos, somos bíblicamente pueblo de Israel, donde nuestro Rey de reyes y Señor de señores reinará desde su ciudad Jerusalén. Cada día vemos más claramente el acoso a que está siendo sometida la tierra a la cual un día partiremos, y donde viviremos para siempre con nuestro Rey. No seamos insensibles ante el antisemitismo y el odio contra nuestro pueblo. Oremos y luchemos por ese pedacito de tierra santa; y hagamos nuestra parte en esa batalla, porque nuestro Dios se agradará de aquellos que seamos capaces, con los medios que tenemos, apoyemos a nuestros hermanos judíos, de donde nació el Rey de los judíos y de toda la tierra. Como dice Juan 4:22: «La salvación viene de los judíos». Hagamos la diferencia siendo conscientes de quiénes somos y adónde pertenecemos.

Finalmente, y con toda humildad, reconociendo que muchos líderes cristianos han trabajado duro por el evangelio y por Jesucristo; y que aman a nuestro Padre y a nuestro Señor por encima de todo. Por ese amor a ellos, y a todos los creyentes en nuestro Padre celestial y en su Mesías nuestro Señor Yeshua, les invito a que oren, verifiquen, profundicen, y mediten sobre los temas que en este libro se han planteado. Si lo hacen sin orgullo, con un corazón dispuesto a precisar y dejar definida la sana doctrina de nuestro Dios, sin duda alguna, tendrán un mérito extraordinario, el cual nuestro Padre les tendrá en cuenta, y serán admirados por aquellos del rebaño del Señor que también decidan afiliarse a LA VERDAD DE LA VERDAD, DE LA PALABRA DE NUESTRO PADRE CELESTIAL, Y DE NUESTRO SEÑOR JESÚS EL CRISTO, YESHUA EL MESÍAS.

Printed in the United States
by Baker & Taylor Publisher Services